根本正義 著

少年詩・少女詩の系譜と私

附 国語教育・教育問題史年表

銀の鈴社

目次

少年詩・少女詩の誕生

少年詩および少女詩の研究に、佐藤光一著『日本の少年詩・少女詩　Ⅰ少年詩編』『同　Ⅱ少女詩編』（一九九四・九　大空社）があり、今のところ佐藤の研究を越えるものはでていない。また、弥吉菅一・畑島喜久生編著『少年詩の歩み』（一九九四・九　教育出版センター）もあるが、いささか私の考えと異なる部分もある。両書をふまえることはいうまでもないが、二上洋一・根本正義責任編集『少年小説大系27巻　少年短編小説・少年詩集』（一九九六・九　三一書房）所収の少年詩集のそれぞれの時代における位置づけをその歴史の流れのなかで私なりの考察を試みることにしたい。本書に収録した「少年詩・少女詩略年表」には、私なりの考え方をもりこんだつもりである。

佐藤光一はその著書（前出）の「少年詩前史」を、唱歌教育の開始から明治二十一年十一月創刊の『少年園』（少年園）へという流れのなかで論じている。明治四年九月に文部省が創設され、翌年の九月に「学制」が頒布され、唱歌が小学校の一教科として置かれた。ここから少年詩・少女詩および童謡の歴史が始まることに異論はない。

新体詩に始まり、唱歌から出発した子どもの歌が、どのような系譜をたどっていったのかが問題となる。唱歌が少年詩と少女詩の系譜を形成する側面と、童謡の系譜を形成する側面とをもっていた。前者に位置するのが、大和田建樹・奥好義同選『明治唱歌集』第一集～第六集（明二十一・五～明二十五・四　中央堂）である。

『明治唱歌　第一集』所収の大和田建樹「日本男児」〈（一）日本男児のまごゝろは　君が代まも

る国の楯。事あるときは進むべし。うしろを見せず進むべし。雪に路なき山までも　波にはてなき海までも。〈以下略〉は少年詩のさきがけだし、『同　第二集』所収の大和田建樹「あはれの少女」〈吹き捲く風はかほをさき　みるみる雪は地にみちぬ　あはれすあしのをとめ子よ　別れし母をよばふらん　以下略〉は少女詩のさきがけである。

ここにはまさしく少年詩と少女詩が息づいていたのである。大和田建樹の作品「別れの血しほ」を紹介しておく。まさしく少年詩である。

（一）日本男児のこゝろのひかり
ますく\みがきて世界を照らせ。
いま酌む酒こそわかれの血しほ。
そゝぎてわするな誓の言葉。
（二）雨風さかまく萬里のうみに
怒涛ををかしていざゆけ君よ。
見知らぬ海山すぎゆくみちに
迎へてまつなりいざゆけ君よ。

この作品は第一集に収められたものだが、第二集に収められた大和田の「花の少女」はまさしく少女詩である。

ああをとめ子夕日のまへに
笑顔ぬれてたてる面影
永き春日《はるび》のねむりはさめて
いまぞにほへるあはれ君
蝶の羽風にすがたちらすな
わがやどのやようれしき友
そでにかをれやよ花の少女
やよやよいばらの君

少年詩は『明治唱歌』から『少年』(時事新報社)の岩野泡鳴、そして『中学世界』(博文館)の児玉花外へ、花外から『日本少年』(実業之日本社)の有本芳水、そして『少年倶楽部』(大日本雄弁会講談社)という流れをつくった。少女詩は『明治唱歌』から『少女の友』(実業之日本社)の星野水裏へ、そして『令女界』(宝文館)から『少女倶楽部』(大日本雄弁会講談社)へという流れをつくったのである。

『明治唱歌』とともに『幼稚園唱歌集』『中等唱歌集』『国民唱歌集』等が出版され、明治二十年代は唱歌の全盛時代であった。明治二十四年一月に創刊された『幼年雑誌』（博文館）に佐佐木信綱と大和田建樹が執筆したのはその反映であった。

明治二十七年、岩野泡鳴が『女学雑誌』（女学雑誌社）に詩を発表するのも、このような情況の反映といえるだろう。同誌第四百号（明二十七・十・六）に初めて泡鳴は「乙女」を発表する。

花の世界をわがものに、
笑めるこゝろのながれには、
なさけのかげはうつれども。

月の世界をわがものに、
つゝめる胸の深みには、
恋のすがたはやれども。

うき世のあらしむら雲を、
わが乙女子は身にさけて、

天津御かみのふところに。

かのをさな子の玉を得て、
いだくが如く、やはらかに、
清きいのちをいだきつゝ。

第四百一号（明二十七・十・十三）からは泡鳴のために「樹だま集」欄が設けられ、「朝顔」「みこゝろとほる君なれば」「松島」を発表し、第四百三号（明二十七・十・二十七）には「萩の露」と「富山大仰寺にやどりて」を発表する。さらに第四百五号（明治二十七・十二・二十五）には「孤衾」を、第四百十七号（明治二十八・十二・二十五）には「なごりの南天」「鳴門海峡」「秋かぜ」「須磨の月夜」「船頭唄」と短歌二首を発表している。

先の「乙女」が唱歌調であったのに対して、「船頭唄」はまさしく民謡である。

わしがをとこは　淡路の船頭で、
須磨や明石は　ひとつのかぢで
かよひなれたる　浜べの千どり、

こゝろやさしゆて、たゆまぬむねは
沖のたいせん　ゆらら〳〵はしる。

以下略

このような岩野泡鳴の作詩の姿勢が、明治三十六年十月に創刊された『少年』（時事新報社）の仕事に連動していくのである。その間、明治二十七年十二月の『幼年雑誌』の終刊と、明治二十八年一月の『少年世界』（博文館）の創刊があった。

この『少年世界』には、巌谷小波・佐佐木信綱・大和田建樹・大町桂月等が唱歌を毎号発表している。信綱と建樹は唱歌活動の指導的立場にあり、少年詩の系譜に位置づけることにいささか疑問がある。小波の唱歌は童謡への系譜としてとらえるべきではないかとも考えているので、今後の検討課題としておきたい。

その手掛かりは、後述する『子どもの歌を語る』と『新版日本流行歌史』の両著にあるように思われる。前者は童謡の歴史であり、後者は唱歌・軍歌・歌謡曲等の流行歌の歴史を論じたものである。

山住正己著『子どもの歌を語る』（一九九四・九　岩波新書）は、唱歌から童謡運動への歴史について論じたものである。小学唱歌の誕生から「君が代」・祝祭日の歌・軍歌、そして寮歌の時代を経て、言文一致唱歌から『尋常小学唱歌』の出現まで論じ、このような背景が童謡運動を出発させたとしている。

歌謡曲もまた唱歌から出発している。その歴史を論じたものに、古茂田信男・島田芳文・矢沢寛・横沢千秋編『新版日本流行歌史　上』（一九九四・九　社会思想社）がある。歌謡曲の出発点については、山住正己の視点と重なるのだが、興味深いのは軍歌についての位置づけである。その歴史について論じた「唱歌から学生歌まで」の項で次のように論じている。

唱歌も日清戦争前後にしばらくは軍歌にとってかわられた。（中略）そういう歌のさきがけをなしたのは「抜刀隊の歌」で、外山正一の詩「『新体詩抄初篇』一八八二年（明治十五）七月刊」に、陸軍軍楽隊傭人ルルーの作曲したものである。（中略）

日露戦争［一九〇四年（明治三十七）二月宣戦布告］のときも軍歌は再び高唱されたが、すぐれた軍歌はあまり現れず、日清戦争当時に作られ、うたわれたものが再び流行した。新しいもので後のちまでうたわれたのは「戦友」であったが、「戦友」は厭戦あるいは反戦的であるという理由で軍から禁止され、出征兵の歓送には多く「日本陸軍」がうたわれた。（中略）このほかのものでは、英雄叙事詩ともみられる「広瀬中佐」「橘中佐」などがうたわれた。

英雄叙事詩的な軍歌が支持されていくなかで、児玉花外の少年詩が注目をあびていったのである。

児玉花外の少年詩の世界

英雄叙事詩としての児玉花外の少年詩が注目される背景に、「軍神橘中佐〈上〉」の流行がある。この作品は、鍵谷徳三郎の作詞で明治三十七年に流行した。それ以後も広く歌われた。歌詞を次に引用しておく。

軍神橘中佐
〈上〉

一
遼陽《りょうよう》　城頭夜は闌《た》けて
有明月の影すごく
霧立ちこむる高粱《こうりょう》の
中なる塹壕声絶えて
目醒めがちなる敵兵の
肝驚かす秋の風

二
我が精鋭の三軍を

邀撃《ようげき》せんと健気にも
思い定めて敵将が
集めし兵は二十万
防禦至らぬ隅もなく
決戦すとぞ聞こえたる

（『新版日本流行歌史　上』前出）

橘中佐は明治三十七年八月、日露戦争中に遼陽前面の首山堡の争奪戦で戦死し、海軍の広瀬中佐と並んで軍神と称された。

この橘中佐について児玉花外は、明治三十九年三月の『中学世界』（博文館）に「遼東の墓」を発表し、以後毎号執筆している。例えば「ベースボールの歌」（明四十二・一）「風雲児高杉晋作」（明四十四・九）「大胆不敵な日吉丸」（明四十五・六）「独眼竜伊達政宗」（明四十五・六）「西郷隆盛」（大二・一）「鎮西八郎為朝」（大三・四）等がそれである。

花外は『少年世界』に「明治功臣九段銅像の歌」（大元・一〇）「乃木大将の歌」（大元・一一）「帝都横断飛行船の歌」（大元・十二）等を発表している。これらの作品のうちから、「乃木大将の歌」を紹介しておく。

1

神去りませし英明の
先帝陛下に殉死せし
乃木大将は　杜鵑
血痕天《あめ》に昇られぬ
我等は仰ぐ涙にて。

2

日本の国の少年は
花に紅葉に大将の
忠烈の気を忘れざれ
残る赤誠《せきせい》日月の
国家を守護す御空より。

3

我邦古今の名将に
乃木大将の如真に
児童愛せし人はなし
世の兵卒と少年と

将軍日常《つね》の友なりき。

4

つく〴〵法師啼く悲し
青山の墓に大将や
南山旅順に戦死せし
中尉少尉の兄弟と
夫人静子も眠らるゝ。

5

勇あり徳ある質朴の
大和の武士の纒ひたる
晃る軍服と長剣や
日本の国の国宝と
永く万世に遺るべし。

6

眼を見上れば雲の間に
明治天皇の御駒の

影に従ふ将軍の
馬も朧ろに動きつゝ
雲の形に見ゆるなり。

7
六千万が嘆くとて
死したる人は帰り来じ
少年諸子よ光る未来
君国《くんこく》のため第二乃木
世界有名の人たらん

このような仕事が大正十五年に朝日書房から企画された、『少年教育偉人英雄詩伝叢書』として結実していくのである。

英雄叙事詩的な少年詩や、詩伝等に支持が集まるなかで、『少年』や『少年世界』に変化がみられた。英雄叙事詩の掲載である。

『少年』には岩野泡鳴が、明治三十六年から明治四十三年まで、民謡や子守唄や童謡的な作品を発表し、作品の種類は別にして少年詩の新しい地平を築きつつあった。例えば、明治三十七年八月に発表された「給仕栄吉」はその好例であろう。

小さき魚さへ大浪越えて、
わだの原をばたやすく渡る。
　給仕栄吉、年十六、
　花のつぼみを艦のうへ。

母に寄せたる手紙の端に、
『これも御国の為め』とはあはれ。
　給仕栄吉、年十六、
　健げごころの勤め振り。

初瀬沈みぬ、この子も惜しや、
敵に名誉の死をこそ誇れ。
　給仕栄吉、年十六、
　遂にかたみの頭髪《かみ》三すぢ。

(『岩野泡鳴全集』第八巻　一九九五・六　臨川書店)

童謡的な少年詩が時代の変化とともに、読者に支持されなくなってきたのであろう。泡鳴が執筆を止めたのは明治四十三年で、翌年の一月、児玉花外は同誌に「少年大将の歌」を発表するとともに、明治四十五年五月、『少年世界』に「赤い火焔の英雄——織田信長」を発表した。

児玉花外のもうひとつの発表の場は、明治四十三年五月に冨山房から創刊された『学生』であった。同誌には、「日本男児の歌」(大三・十二)「ナポレオン頌詠」(大四・一)「蒼鷹沖天の歌」(大五・五)「ガンベツタと軽気球」(大五・七)「為朝の秋の弓」(大五・九)「日本海賊進揚歌」(大六・五)等を発表した。また、叙事詩『詩伝乃木大将』(大五・一　金尾文淵堂)の出版もあった。

大正十一年四月、花外は岡村書店から『名作童謡少年の歌』を出版し、事実上詩人としての活躍を終えた。〈名作童謡〉と角書きがあるが、まさしく少年詩集である。扉裏に〈東方の旭日と、桜の国に生れた、わが少年のために、愛と熱とをもつて歌つた詩です。〉という著者の言葉が示す通り、愛と情熱とでつくられた詩集である。巻頭の「熱血少年の歌」は、大正八年一月の『少年倶楽部』(新年増刊号)に発表された作品である。英雄・武将・武士等の歴史上の人物を描いた少年詩が中心で、詩集の後半に収録されている「山田長政」「玉砕大石主税」「本能寺の活劇森蘭丸」等が〈英雄史詩〉である。これは花外独自の少年詩の世界だといえる。これらの少年詩によって少年に大志を抱かせ、志気を鼓舞したのである。

　児玉花外は明治七年七月七日、山口県大津郡三隅村に生まれる。本名は伝八。毛利藩の勘定奉行児玉精斎の長男。京都高倉初音小学校卒業後、同志社予備校、仙台東華学校、札幌農学校予科に学ぶが、いずれも中退している。

　明治二十七年、東京専門学校（現・早大）文科に入学したが中退する。この頃からバイロンに傾倒して詩作を始める。明治三十二年、山本露葉・山田枯柳との共著『風月万象』（文学同志会）を第一詩集として出版する。

　明治三十六年、『社会主義詩集』（社会主義図書部）を出版したが発禁処分を受ける。翌年、私家版『花外詩集』を出版する。明治四十年、訳詩集『バイロン詩集』（大学館）を出版する。この頃から博文館の受験雑誌『中学世界』に詩を発表する。

　明治四十四年、『中学世界』に詩伝（叙事詩）「風雲児高杉晋作」を、『少年』に「少年大将の歌」を発表するとともに、『英雄史詩日本男児』（実業之日本社）を出版する。

　明治四十五年、『中学世界』に「大胆不敵な日吉丸」「独眼竜伊達政宗」を、『少年世界』に「赤い火焔の英雄——織田信長」「乃木大将の歌」等を発表するとともに、『史伝小説源為朝』（成光館）を出版する。

　大正二年、『中学世界』に「西郷隆盛」を、翌年は同誌に「鎮西八郎為朝」を、『学生』（冨山房）

に「日本男児の歌」を発表する。

大正四年、『学生』に「ナポレオンの頌詠」を発表し、翌年同誌に「為朝の秋の弓」「傑人セシル＝ローヅ」「雪とナポレオン」を発表するとともに、『詩伝乃木大将』（金尾文淵堂）を出版する。大正十一年、『名作童謡少年の歌』（岡村書店）を出版する。翌年、明治大学の校歌「白雲なびく」を作詞し、山田耕筰によって作曲された。大正十五年、朝日書房の『少年教育偉人英雄詩伝叢書』として、『日吉丸』『大石良雄』『西郷隆盛』『乃木大将』『ナポレオン』等を出版する。花外は特に大正期に少年詩の詩作で活躍し、熱血詩人として少年たちから好評を博した。

昭和十八年九月二十日、急性腸疾患のため逝去した。

明治の唱歌『博物教育動物唱歌』のこと

明治は唱歌の時代であった。『明治唱歌』『小学唱歌』『幼稚園唱歌集』『中等唱歌集』『鉄道唱歌』等が刊行された。そして、日清戦争とともに軍歌が流行し、明治二十四年に刊行された『国民唱歌集』に収められた、山田美妙作詞の「敵は幾万」が流行した。

特に明治四十五年から刊行された『尋常小学唱歌』（全六冊）は、全国の小学校で使用された。これは文部省の編集によるもので、『新版日本流行歌史　上』（社会思想社　一九九四・九）の「I　歴史編　明治時代　四　唱歌から学生歌まで」は、〈民間の検定唱歌集を圧倒し〉たと記している。

唱歌集は検定唱歌集だけではなく、それ以外の出版もあった。そのなかの一冊に、『博物教育動物唱歌　第一集』がある。この第一集は「人　けもの　ノ部」で、第二集「とり　爬蟲　ノ部」、第三集「魚　むし　介　ノ部」と三集まで刊行された。

『博物教育動物唱歌　第一集』は、東京音楽学校講師野村成仁作曲、大槻如電作歌で、弘文館から明治三十三年十二月二十八日に発行された。定価は六銭、判型はA6判、三十頁の本である。弘文館では次のような本を出版していた。

『児童教育少年立志伝』『忠臣美談楠正成』『報徳　二宮尊徳』『中江藤樹近江聖人』『歴史美談十二聖帝』『歴史美談十二忠臣』『一読奮起西国立身伝』等である。

『博物教育動物唱歌　第一集』の歌詞は六十番まであり、内容は次の通りである。

1　凡そいきとし生ける者

種類さま〳〵多けれど
高等下等と区別して
動物とこそ名づけたれ

2
眼口耳鼻そなへつゝ
身体を動かし居どころを
変へるは同じ事ながら
骨の有無ぞけぢめなる

3
骨とは五体を維持なして
首尾に亘れる脊骨ぞ
全身いづれも三分し
頭と胴と尾とわかれ

4
前後四本の肢あるは
人獣鳥魚に爬蟲るゐ
これぞ高等その外は
蟲ちう蛸介骨なしよ

5
又その生れいづるには

胎生卵生二やうあり
其身そのまゝ生れおち
母が乳もて育てるは

6 人と獣のならひにて
哺乳類とも称すなり
卵で生れ孚へるのは
鳥も魚介も蟲けらも

7 人はもとより万物の
霊にしあれば最高等
智識のはたらき思ふこと
言語に顕し云ひ陳べる

8 身体直立両手あし
五洲のうへに十五億
黄哲白哲赤黒赭
膚は五《いつ》いろおなじ人

9 獣類全身毛でおほひ

身体を横にし四本あし
野山村里はひあるき
或ひは水中土中にも
10 棲息するあり中に又
空中飛行の者もあり
種族生活それ〳〵に
類別たて丶左に述べん
11 猿猴類は毛が三本
人にたらねど四本とも
手のはたらきやわるさがし
餌食は木の果菜根で
12 狒々猩々に手長ざる
尾なが猿など熱国よ
日本の産は尾みぢかで
真猿ましらと申すなり
13 獅子虎熊は猛獣ぞ

他獣を殺して食料と
する者なれば食肉の
類とは此等の総称なり

14 筋力つよく足力も
運動自在いちはやし
歯あり爪あり鋭くて
引かき食つき畏しや

15 獅子が吼ゆれば百獣は
をのゝき竦み威伏する
されば獣中の王と呼ぶ
印度阿弗利加いと多し

16 虎は亜細亜の東南部
千里のやぶに威を奮ふ
海一すぢの彼国《かなた》にて
加藤が虎がり名も高し

17 同じやからの豹はしも

台湾島にありといふ
この両獣は其毛皮
美麗を人が愛すなり

18
猫もおんなじ類なれど
生《いき》のまゝにて愛せらる
鼠を捕へる用あれど
猫なで声の爪かくし

19
犬も人家に養はれ
主人《あるじ》を知りて夜を守る
狐狸もひとつあな
されど野獣の悪性もの

20
愚かな人はばかされる
同じ仲間で尚さらに
恐るべきもの狼ぞ
人をも食はんオヽ怖や

21
熊は黒毛のうつくしく

何処の山にも棲なれど
わけて多きは北海道
中にも羆はたけくして

22
其色すこし黄ばみあり
千島をかけて北氷洋
寒帯地方は白妙の
ゆきを欺く熊もあり

23
鼬と貂とまた一類
身体柔軟よくはしる
深山にかくれ雷鳴に
おどろきいづる雷獣を

24
木貂《きてん》といへば同じもの
同じ類にも水に入り
魚《うを》を餌食の河獺《かわうそ》や
北の海には獵虎《らっこ》あり

25
すべて海なる獣類は

魚の姿によく似たり
されども全身毛を生し
　細密美麗の皮もあり

26
四本の肢《えだ》も前脚は
　鰭《ひれ》のかたちに後脚は
至て小さく尾もありて
　寝るは岩礁かい岸ぞ

27
海象《せいうち》海豹《あざらし》膃肭臍《おっとせい》
　ともに寒帯海ちうに
棲息するぞセイウチは
　二本の牙の下垂する

28
これぞ世に云ふ水象牙《すゐぞうげ》
　温帯海に居るものは
海驢《あしか》といひて悪臭《あしか》あり
　総州紀州の海にすむ

29
蒭を餌食の獣類も

種々《くさ〳〵》あれど象はしも
身体巨大ながき鼻
物を採ること手の如し

30
前後印度に多く棲み
象牙象皮の用のみか
人に飼はれて能く馴て
軍《いくさ》の役にもたつと云ふ

31
すべて人家に養はれ
人のたすけの畜類《けだもの》は
多くは芻食《すうしょく》而うして
雙蹄単蹄りやう種あり

32
ひづめの構造単なると
両に割れるとその差別《しゃべつ》
雙蹄獣には角ありて
たむてい獣にはたてがみぞ

33
馬の一族ひとへづめ

力もつよく足はやく
人のせ物を積み送る
世界唯一の必用もの

34
体ちいさく耳なかき
驢馬《うさぎうま》ありうしうまは
種子島なる異産にて
南アメリカまだらうま

35
牛鹿羊われひづめ
何れも二本の角もてり
其肉その皮毛骨まで
人間用は誰も知る

36
駱駝は角の無きかはり
背に肉峯《にくほう》のそばだてる
熱さに堪へて重荷《おもに》おふ
騾馬《らば》は無峯駝おなじ類

37
鹿の類には亜弗利加に

麒麟と云あり頸ながし
中央亜細亜の麝香《じやかう》より
西伯里《シベリヤ》地方の馴鹿《となかい》も

38 羊は山羊や羚羊《かもしか》や
牛に水牛つの細工
牛しか類は食ひし芻
口に反して二度に食ふ

39 ひづめの多い一類と
別に一科をこゝにたつ
野に伏す猪《ゐのこ》家に飼ふ
豚はもとより一つもの

40 家畜野獣とわかれては
いつか其性うちかはり
猪《いのしゝ》武者てふ鋭き牙も
悲鳴をあげる物となる

41〜44 （＊破れ）

45
形のちいさい南京は
　はつか鼠のまたの称《な》よ
天竺鼠はモルモット
　樹にすむ鼠栗鼠といふ

46
山にすむのは山ねずみ
　寒中地下に蟄居する
常に地中にすむ者は
　鼴《もぐら》鼠地鼠日をば見ず

47
北海道は花金《しま》鼠《ねずみ》
　毛並は黄色の縞模様
栗鼠と同じく木に居れど
　巣をば土中に作るとぞ

48
さて又一種のはりねずみ
　其の名の如く毛は刺よ
更に其毛の箸なせる
　いかものづくり豪豬

49　ヲカツギ、ムサヽビ、モモンガワ
　何れも肉翅《にくし》で飛あがる

うゝさき兎月を見て
　跳ねるは脚よ雪を見て

50　白き毛色と変れるは
　これぞ越後の七不思議

南京兎は毛色よく
　玖弄《くわんろう》ものに人の飼ふ

51　肉翅《つばさ》で飛ぶは又外に
　出て来た浜の夕涼み

鳥なき里の蝙蝠よ
　菊いたゞきの暮すぎて

52　御免をかうむり赤羽織
　爪を釣《かけ》たる樹の枝に

倒《さか》さに懸る大蝙蝠《のぶすま》は
　沖縄じまや小笠原

53
水に泳ぐは鯨類
形状も体膚《はだ》も魚なれど
これも胎生哺乳物
鼻は頭上で潮を噴く

54
背美真甲やくさ〳〵ぞ
海豚《いるか》鯱ほこ同じるゐ
海の一角ウニコール
其ほか海牛海馬あり

55
獣類中のかはりもの
こゝに集めん記誦せよ
濠太利亜の袋鼠《かんがる》は
子そだて袋を腹にたれ

56
前肢みぢかく後肢も
長き尻尾で跳ねあるく
大小各種アメリカに
子もり鼠といふもあり

57
狖《きう》徐《じょ》あり食ひ南米洲
　猿によう似たなまけ者

共に麟甲身をまとひ
　貧歯類とて歯はたらず

58
類ひはおなじ穿山甲
　いつれも舌は細ながし

甲は綾なすござねにて
　印度阿弗利加その産地

59
これも濠洲針もぐら
　棘は総身に生《にひ》つゝみ

伸しちゝめも自在とぞ
　土中をもぐり虫を喰う

60
水をおよぐは鴨のはし
　その名の如く扁口《へらぐち》よ

蹼《みづかき》もありその上に
　おゐどの穴さへ皆一つ

唱歌60番までそれぞれに頭注がある。例えば、〈35　牛鹿羊われひづめ……〉では〈雙蹄科　牛　鹿　羊〉、〈53　水に泳ぐは鯨類……〉では〈遊泳類　鯨　脊美　真甲　海豚　鯱　一角〉等である。

唱歌は音楽教育にのみかかわったものではなかったのである。まさしく博物学ともかかわっていたのである。これ以外にも唱歌が他の分野とかかわっていたものがあるかもしれない。

有本芳水から西條八十へ

――少年詩の位相と少女詩の位相――

最初に有本芳水の略歴についてふれておく。芳水は明治十九年三月三日、兵庫県飾磨郡津田町（現・姫路市）に生まれる。本名は歓之助。少年期から短歌等に親しみ、『文庫』『小国民』『新声』等に俳句、短歌、小説を投稿する。

明治三十八年、車前草社（短歌結社）に入り前田夕暮、若山牧水、正富汪洋、三木露風らと作歌活動をおこない、明治四十年には河井酔茗の詩草社に加わり、雑誌『詩人』に詩作を発表する。

明治四十三年、早稲田大学文科を卒業する。同時に実業之日本社に入社し、『婦人世界』の記者となる。大正二年、滝沢素水の後任として『日本少年』の主筆となる。同誌には長詩（少年詩）を発表し、多くの少年読者に大好評を博した。また、冒険怪奇小説・少年軍事冒険小説・立志小説などの少年小説も執筆した。のち、『東京』の主筆、『実業之日本』の編集長を歴任する。

少年詩集は川端竜子と竹久夢二の挿絵で、『芳水詩集』（大三）『詩集　旅人』（大六）『詩集　ふる郷』（大七）『悲しき笛』（大八）『海の国』（大十）とあいついで実業之日本社から出版された。少年小説には『赤い地図』（大二）『怪軍艦』（大四）『馬賊の子』（大五）があり、いずれも実業之日本社からの出版である。

昭和四年、『怪軍艦』と『馬賊の子』が平凡社の『少年冒険小説全集』に収録される。収録に際して、『馬賊の子』は『馬賊の歌』と改題された。この年、取締役となる。

昭和十九年、三十年余在社した実業之日本社を退社し、翌年夫人の郷里である岡山に帰住する。

帰住後は岡山大学などの講師を務め、最後は岡山商科大学の教授となり、のち名誉教授となる。

昭和四十六年、明治・大正文壇回想録『笛鳴りやまず――ある日の作家たち』を日本教文出版から出版する。

昭和五十一年一月二十一日、肺がんのため逝去した。

芳水は『日本少年』の主筆として活躍した。この雑誌は『少年世界』とは一線を画して、明治三十九年一月に実業之日本社から創刊された。花外の少年詩とは違った意味の新しい少年詩を掲載していった。それが有本芳水の少年詩で、大正三年三月に実業之日本社から出版された『芳水詩集』として結実した。発売されると、たちまちのうちに三百版近くも版を重ねた。

その「序」に〈詩集を編めばとて、敢へて詩壇に問ふとの心にはあらず、ただにすぎ去りし少年の日の記念《かたみ》とし、かつはそのかみの思ひ出をしのぶよすがとせば足らんのみ。〉とあり、この詩集出版の前年の一月に『日本少年』の主筆となった芳水が、読者である少年たちの声を肌で感じての出版であったことを窺い知ることができる。

また、〈われは旅人なり、つねに旅を好んで止まざるなり。（中略）されば人生は旅なり、ああわれは旅人なり、さらばいつまでもかく歌ひつづけむ。〉と「序」にあり、詩人芳水のこのような思いに貫かれた詩集だといえる。それが多くの少年たちに支持されたのであろう。

芳水の少年詩は旅の哀愁と感傷、旅への憧れと郷愁に満ちた抒情詩である。それが当時の少年たちの心をときめかせたに違いない。

『日本少年』の創刊より遅れること八年目の大正三年十一月、大日本雄弁会講談社は『少年倶楽部』を創刊した。大正四年一月から少年詩を毎号掲載し、児玉花外・正富汪洋・平井晩村・北原白秋等を起用した。

花外は「血鎗九郎」(大五・八)「怪剣竹俣兼光」(大五・十)「壺切の御剣」(大五・十二)「桜花の歌」(大六・四)「男児五月の歌」(大六・五)「菊花少年の歌」(大七・十二)等を発表している。芳水の詩が多くの少年たちに愛唱され、実業之日本社から芳水の詩集が、『詩集　旅人』(大六・二)『詩集・ふる郷』(大七・三)『悲しき笛』(大八・六)『海の国』(大十・五)と相次いで出版されていくなかでの花外の起用であった。

大正七年には北原白秋・大木雄三、大正八年には三木露風・柳沢健、大正九年には若山牧水・白鳥省吾・野口雨情等をそれぞれ新たに起用しているのは、大正デモクラシーの思潮とかかわっているのかもしれない。興味深いのは大正九年八月に西條八十が「夏の雨」を発表している点である。翌年には加藤まさをが六篇の詩を発表している。この時期から『少年倶楽部』は少年に感動を与え、少年の心に訴える少年詩が掲載され、昭和初期には少年雑誌の王座につくことになるのである。

サトウ・ハチローは大正十五年三月「泣き泣き鉄砲」、五月「魚つり」、六月「お山の上から」、七月「湯の町へ行く馬車」、九月「とんがらし爺さん」、十一月「オートバイ」を発表し、西條八十と共に『少年倶楽部』の顔となった。

西條八十は昭和四年四月に大日本雄弁会講談社から『少年詩集』を出版した。八十はすでに詩人としての地位を確立していたが、サトウ・ハチローは昭和十年十月に同社から『僕等の詩集』を出版し、少年詩の第一人者としてゆるぎない地位を確立することになる。なお、『日本少年』および『少年倶楽部』の少年詩については、佐藤光一著『日本の少年詩・少女詩 Ⅰ少年詩編』（前出）に詳しいので御参照願いたい。

さて、ここで少女詩の動向について考察しておくことにする。

少女詩の台頭は、明治四十一年二月に創刊された『少女の友』（実業之日本社）から始まる。主筆であった星野水裏に負うところが大きい。水裏の編集者としての信念と見識を、『実業之日本社七十年史』（昭四十二・六　実業之日本社）は高く評価するとともに、大正四年当時の『少女の友』について、〈このころの『少女の友』に独特のエキゾチックな哀愁をたたえた詩と絵で、少女たちの人気を博したのは竹久夢二であった。〉と記している。

星野水裏の少女詩集に『赤い椿』（大六・二　実業之日本社）、『白桔梗の花』（大九・二　実業之日本社）がある。

大正十一年四月、『令女界』（宝文館）の創刊と翌大正十二年一月の『少女倶楽部』（大日本雄弁会講談社）の創刊で、少女詩は充実していく。

『令女界』には北原白秋・西條八十・加藤まさを・白鳥省吾・竹久夢二・川路柳虹等が少女詩を

発表したが、中心は八十とまさをであった。

　西條八十は「寂しきねがい」「牧場の朝」「銀座哀唱」等の少女詩とともに大正十五年二月に「深山のさくら」と題して、「第一部　巴里少女十八篇」「第二部　故国の少女のために十七篇」を発表した。これらの少女詩は、『少女詩集　抒情小曲集』（昭二・二　宝文館）および『純情詩集』（昭三・九　宝文館）にまとめられた。

　西條八十についてふれておく。八十は明治二十五年一月十五日、東京市牛込区払方町に生まれる。私立桜井尋常小学校、早稲田中学を経て、明治四十二年に早稲田大学予科に入学するが、すぐに退学した。明治四十四年、早大に再入学、同時に東京帝国大学国文科選科にも通った。在学中に『聖盃』（のちに『仮面』と改題）『未来』を創刊し、詩作を続ける。

　大正四年、早大英文科を卒業し、翌年結婚する。大正七年、鈴木三重吉のすすめで、『赤い鳥』に「忘れた薔薇」を発表し、以後「かなりや」「鉛筆の心」「お山の大将」等を発表する。翌年、第一詩集『砂金』（尚文堂）を自費出版する。以後『静かなる眉』（大九　尚文堂）『見知らぬ愛人』（大十　文蘭社）『蠟人形』（同　新潮社）『海辺の墓』（同　稲門堂）等を出版する。

　大正八年、『女学世界』（博文館）に少女詩「小さな恐怖」を発表し、以後同誌に少女詩や小曲を発表する。大正十二年、『令女界』（宝文館）に少女詩「ためいき」を発表し、以後同誌に毎号執筆する。

　昭和二年、『少女詩集　抒情小曲集』（宝文館）を出版する。昭和三年、『紫の罌粟　抒情詩集』（交蘭

社）『純情詩集』（宝文館）、昭和四年、『少年詩集』（大日本雄弁会講談社）『令女詩集　令女文学全集第十二巻』（平凡社）、昭和六年、『愛の詩集』（宝文館）、昭和七年、『少女純情詩集』（大日本雄弁会講談社）、昭和八年、『感傷詩集』（宝文館）等をつぎつぎに出版する。

昭和二十年代には同盟出版社、東光出版社、宝文館、偕成社等から少女小説を盛んに出版する。この時代の西條八十の少女小説については、拙著『占領下の文壇作家と児童文学』（平成一七・七　高文堂出版社）参照のこと。昭和二十一年、『西條八十少年詩集』（大日本雄弁会講談社）、昭和二十六年、『西條八十純情詩集』（三十書房）を出版する。昭和三十年代になると、少年詩・少女詩・少年小説・少女小説の出版は皆無となる。

昭和三十八年、日本児童文芸家協会から児童文化功労者として表彰される。八十は日本児童文芸家協会創立時に顧問として参画した。同協会創立についてと雑誌『朝の笛』総目次を、拙著『占領下の文壇作家と児童文学』（前出）の「大衆児童文学の戦後史」で論じてある。

昭和四十五年八月十二日、急性心不全のため逝去した。

西條八十の代表作は童謡「かなりや」だ。この作品は大正七年十一月号の『赤い鳥』に発表され、成田為三の曲譜が大正八年五月号に掲載された。

『西條八十全集　第六巻　童謡Ⅰ』（国書刊行会　一九九二・四）の、藤田圭雄の「解題・解説」によれば、大正九年六月に日本蓄音器商会から、成田為三伴奏で赤い鳥少女合唱会会員によってレコード化されたということである。定価は一円八〇銭。その後、昭和七年五月、ビクターの平井英子をはじめ、コロムビアの安西愛子、川田孝子、大川澄子、伴久美子、松原操、狩谷和子、高橋祐子、古賀さと子、眞理ヨシコなど、その他枚挙に暇がないほどレコード化されている。

藤田圭雄によれば、昭和十三年にコロムビアから、三味線とオーケストラの伴奏で、二葉あき子と三島庸子のうたっているものがあるということだ。これは、佐々紅華作曲によるもので、「少女歌謡　歌を忘れたカナリヤ」という題であったと記している。

西條八十は大正十年八月号限りで、『赤い鳥』から姿を消す。この年の四月に、早稲田大学英文科講師、第一および第二高等学校教授になり、詩人としてではなく、学者として新しい出発をしたためである。そして、大正十三年から大正十五年まで、フランスのソルボンヌ大学に留学し、昭和六年に早稲田大学教授となった。

八十は大正十一年から昭和四年にかけて、『蠟人形』『海辺の墓』『哀唱』『巴里小曲集』『西條八十詩集』『美しき喪失』などを出版し、抒情詩人としての地位を確立した。

ともあれ、西條八十の童謡について、「サッちゃん」で知られている阪田寛夫という詩人は、『童謡でてこい』（河出書房新社）の中で、次のように書いている。

〈大正八年六月、帝国劇場で、西條八十の「かなりや」が北原白秋の「あわて床屋」と共に、少女たちの斉唱で歌われた。藤田圭雄著『日本童謡史Ⅰ』によれば、チョッキン、チョッキン、チョッキンナの「あわて床屋」（石川養拙曲）は明るい唱歌調で、当日の客の中では、歯切れがよいとか、子供が喜んだとか大方の評判がよかった。これに対して「かなりや」は、いい気持にはなったがむずかしすぎるとか、きれいずくめの感があるとか、注文をつける人がいた。だが同じ藤田氏によると、その翌年「かなりや」がレコードになると、たちまち逆転して、こちらの方が全国で愛唱されるに至った。成田為三の感傷的な曲が、人の心をつかんだようだ。〉と記している。

　阪田寛夫も言っているように、白秋の童謡が明るいのに対して、八十の童謡は悲しいといえる。白秋の童謡は『赤い鳥』が独断場であった。一方、八十の童謡は子どものためというよりは、詩人の自己表現のためのものだったといえる。

　これまで書いてきたように、西條八十の童謡「かなりや」は有名だが、『赤い鳥』といえば北原白秋である。白秋も少女詩を執筆している。

　北原白秋は『令女界』に「水甕」と「胡桃の花」を発表し、昭和四年九月に宝文館から『銀の花籠　純情詩集』を出版した。この詩集には「片恋」「ちんちん千鳥」「曼珠沙華《まんじゅしゃげ》」「ペチカ」「城ケ島の雨」「月と胡桃」「からたちの花」「この道」等が収録されている。すでに出版された『兎の電報』（大十・五　アルス）『子供の村』（大十四・五　アルス）『月と胡桃』（昭四・六　梓書房）の三冊の童謡集から、純情詩集にふさわしい童謡が再録されたのである。

　ここでは大正十二年一月の『令女界』に発表された「ためいき」を紹介しておく。

燈ちらちら
手ぶくろ編めば――ああ、ああ、
なぜか母さま
思ひ出す。

針のつめたさ
毛糸の紅さ――ああ、ああ、
きけば何やら
さらさらと。

『令女界』は大正末にその使命を終え、昭和初期からその座を『少女倶楽部』に譲ったのである。加藤まさをは『少女倶楽部』にも少女詩を発表している。まさをが両誌と『少女画報』（東京社）等に発表した百三十三篇の作品は、『まさを抒情詩集』（大十五・十一 春陽堂）として集大成された。

この詩集の出版で大正期の少女詩は終焉し、昭和の『少女倶楽部』による新しい少女詩の時代が始まる。大正期を代表する少女詩は、加藤まさを「月の沙漠」（大十二・三『少女倶楽部』）と、蕗谷虹児

「花嫁人形」（大十三・二『令女界』）の二篇で、大正期の少女詩の特徴はこの作品に象徴されている。

昭和二年六月、サトウ・ハチローは『少女倶楽部』に「かざり玉」を発表した。ハチロー二十三歳の時である。すでに童謡集『鶺鴒と時計』詩集『砂金』『見知らぬ愛人』『蠟人形』抒情小曲集『海辺の墓』『哀唱』等を出版し、童謡詩人・抒情詩人として確かな地位を確立していた西條八十と共に、サトウ・ハチローは戦時下まで多くの少女詩を発表した。しかし、サトウ・ハチローの少女詩集は出版されなかった。

『少女倶楽部』の少女詩は、昭和七年十月に大日本雄弁会講談社から出版された、西條八十の『少女純情詩集』に代表されるといえる。なお、『少女の友』『少女画報』『少女倶楽部』については、佐藤光一著『日本の少年詩・少女詩　Ⅱ少女詩編』（前出）に詳しいので御参照願いたい。

『少女純情詩集』の出版された昭和七年は一月に上海事変がおこっている。前年の九月には満州事変がはじまり、翌年の三月には国際連盟を脱退し、軍部の政治的影響力が拡大されていく。昭和十二年七月の日華事変によって、日中戦争は全面化するのである。この頃から内務省の言論・出版に対する統制がはじまり、次第に強化されていった。

サトウハチローの童謡と少年詩

サトウハチローは明治三十六年五月二十三日、東京市牛込区に、洽六（佐藤紅緑）の長男として生まれる。本名佐藤八郎。異母妹に愛子（作家）がいる。大正五年、小日向台尋常小学校を卒業、早稲田中学校に入学し野球部に入ったが、一年で落第する。その後、関西中学や立教中学等を転々とする。

大正七年、父に勘当され、福士幸次郎が同行し小笠原父島で、福士から詩の手ほどきを受ける。翌年、福士の「楽園詩社」に参加する。大正十年、『金の船』『童話』『日本少年』等に童謡を発表する。翌年には『少女画報』『少女の友』等にも童謡を発表。以後、『コドモアサヒ』『週刊朝日』『小学少女』『少女世界』等に童謡を発表する。

大正十五年、第一詩集『爪色の雨』（金星堂）を出版して詩人としての活躍をはじめる。この年、『幼年倶楽部』や『少年倶楽部』に少年小説を発表する。

昭和五年、「腕白行進曲」（『少年世界』）等の少年小説や少女小説、少年詩を『少女世界』『少年倶楽部』『少女倶楽部』『少女画報』等に発表する。昭和十年、少年詩集『僕等の詩集』（大日本雄弁会講談社）を出版する。以後、昭和十六年まで『少年倶楽部』に毎月少年詩を発表する。

昭和二十一年、少年詩「春・春・春」を『少年倶楽部』に発表する。昭和二十四年から昭和二十八年まで、『少年クラブ』に少年詩を発表する。同時に『少年』にも少年詩を発表する。

昭和二十二年、童謡集『てんとむし』（川崎出版社）を出版する。以後、『少年詩集』（千代田出版　昭二十四）『少年詩集』（大日本雄弁会講談社　昭二十六）童謡集『叱られ坊主』（全音楽譜出版社　昭二十八）童謡集『木のぼり小僧』（同　昭二十九）朗読詩集『友だちの歌』（宝文館　昭三十一）等を出版する。

『木曜手帖』を創刊した昭和三十二年以降は、同誌を主軸に童謡と抒情詩の仕事に専念し、多くの詩人の弟子を養成した。昭和四十八年十一月十三日に逝去した。

サトウハチローの作品世界にふれる。ハチローは十六歳の時に、西條八十の門下生となった。父に勘当された頃である。以後、仁義正しいハチローは、終生八十を師と仰いでいる。このことから言えるのは、ハチローの少年詩と少女詩は西條八十の系譜に位置づけられる。

一つのイメージを豊かに膨らませていくのが、サトウハチローの技法であった。さまざまなイメージが次から次へと、いくらでもわき起ってくる詩人であった。そして、そのイメージを発展させていく、魅力的な技法の持ち主でもあった。好例としては「ちいさい秋みつけた」という作品をあげることができる。

サトウハチローの童謡が、大きく花開いていったのは戦後である。藤田圭雄との出会いが大きかった。ハチローは昭和二十四年六月、「長崎の鐘」の作詞を最後に「もう流行歌は書かないよ、これからは日本の子供のために新しい童謡と抒情詩を書くよ」と語った。

この年の六月三日、ハチローの父洽六が他界した。そして、翌昭和二十五年九月号から雑誌『少年少女』（中央公論社）に、藤田圭雄の呼びかけに応じて、昭和二十六年十二月号の終刊まで、毎号童謡を書き続けた。
サトウハチローの童謡は、何歳以上何歳以下などという区別はまったくない。子どもの歌、大人の歌という区分などにとらわれることのない童謡なのである。代表作として永遠に記録される傑作、「かわいいかくれんぼ」がある。四歳の孫が幼稚園で覚えてきた。
私の好きな童謡に、昭和二十三年九月号の『赤とんぼ』（実業之日本社）に発表された「雨がしずかに」がある。

雨がしずかに　降ってます／まいまいつぶろの　つのの色／つくつくほうしの　羽のいろ／　そんな雨です　生きてます

ともあれ童謡「かわいいかくれんぼ」「ちいさい秋みつけた」は、共に中田喜直の作曲である。中田は「かわいいかくれんぼ」と「めだかの学校」（茶木滋）の作曲で、戦後日本の童謡界の第一人者としての地位を、不動のものにした。「かわいいかくれんぼ」は詩もさることながら、曲がかくれんぼという遊びの気分を、あますところなく生かしている。

ひよこがね　お庭でぴょこぴょこ　かくれんぼ／どんなにじょうずに　かくれても／黄色いあんよが　見えてるよ／――だんだん　だあれが　めっかった

雀がかくれても茶色の帽子が見えてるし、小犬がかくれてもかわいいしっぽが見えてるのである。そこが魅力なのである。

サトウハチローたちによって、新しい童謡が数多く生み出されたのは、昭和二十四年八月一日からはじまった、NHKのラジオで放送された「うたのおばさん」からである。この番組で歌われた新しい童謡の作曲は、ろばの会で中田喜直もその一人であった。

ところで、サトウハチローは、昭和十年に「百舌よ泣くな」という作品を書いている。第五連の「兄《あん》さは満洲へ　行っただよ／鉄砲が涙に　光っただ／百舌よ寒くも　泣くで無《ね》え／兄《あん》さはもっと寒いだぞ」を読むと、日中戦争にかかわっていることがわかる。

この作品は、「もずが枯木で」の題名で、戦後のうたごえ運動で広まったわけだが、「百舌よ寒くも　泣くで無《ね》え」が、「もずよ寒いと　鳴くがよい」と歌われた。〈鳴く〉ではなく〈泣く〉に意味があるわけで、「兄さはもっと　寒いだぞ」の最後の一行が死んでしまう。背景は満洲なのである。

サトウハチローの歌謡曲にすこしふれておく。「百舌よ泣くな」が書かれた昭和十年、ハチローは玉川映二のペンネームで「二人は若い」を書き、古賀政男の作曲でヒットさせた。

ペンネームでいえば、翌昭和十一年に星野貞志のペンネームで、古賀政男の作曲で「空にゃ今日も　アドバルーン」ではじまる「ああそれなのに」、「何か言おうと　思っても」ではじまる「うちの女房にゃ髭がある」をヒットさせている。さらに、昭和十二年には山野三郎のペンネームで、「若しも月給が上がったら」を、北村輝の作曲でヒットさせた。

「目ン無い千鳥」もいいし、「めんこい仔馬」もいい。そして戦後の「リンゴの歌」「黒いパイプ」

「長崎の鐘」とヒット曲を出した。しかし、すでに述べた通り「長崎の鐘」を最後に、歌謡曲の作詞は一切しなかった。

先述した「百舌よ泣くな」は、昭和十年十月に刊行された『僕等の詩集』（大日本雄弁会講談社）に収録された。やがて大東亜戦争の時代となり、少国民詩集が出版されていく。この時代にサトウハチローは沈黙を守っていたようだ。

サトウハチローは戦後、宝文館の『令女界』、講談社の『少年クラブ』『少女クラブ』光文社の『少年』『少女』等に、多くの少年詩・少女詩を発表していく。

昭和二十四年九月号の『少女』に発表された、「二つのお人形」と題した少女詩を引用しておく。

黒きひとみを　かがやかし
片手のもげし　人形を
ささげてつぶやく　おさなごの
姿のあかるさ　あどけなさ

通ぜぬ言葉を　のりこえて
胸にしみこむ　かわいさに

髪の毛なぜて　受けとれば
ほほえみ浮かべて　立ち去りぬ

月日はうつり　年かわり
四年《よとせ》の後に　青き目の
アメリカ人形　たずさえて
来たりし人は　そも誰《た》れぞ

心にのこる　おさなごを
たずねて　とどけたまえよと
やさしきみやげを　ことずかり
空とび来たりし　よき人ぞ

厚木の原の　夏草よ
日本の鳥よ　白雲よ
津々浦々の　もろびとよ

涙と共に　ほほえみたまえ

サトウハチローの少女詩集は刊行されなかったが、昭和二十六年八月に大日本雄弁会講談社から『少年詩集』を出版した。この詩集から「友だちの歌」を紹介する。

ぼくがさびしそうにしていると
ぼくよりなおさびしそうな顔をして
「どうかしたのかい」ときっときく
友だち　ぼくの友だち――
こんなときぼくは　いつでも高い空をみる

ぼくがほかのやつとけんかをした時
ぼくがなぐられるまえに
大きな声を出して泣いた
友だち　ぼくの友だち――
そうしてぼくがなぐりかえすまえに

そいつをなぐってしまった
友だち　ぼくの友だち——
こんな時ぼくは　いつも遠い木を見る

べんとうをわすれたぼくのそばにきて
「すまないけれどおれのべんとうを
半分たべてくれないかなあ
おれは腹がいっぱいなんだ
麦めしですまないけれどなあ」
アルミニユームが宝石箱みたいに見え
黒いはずの麦めしが
なみだの中にまっ白にぼやける
友だち　ぼくの友だち——
こんな時ぼくは　いつも白い窓を見る

こがらしが吹いている

今年も十二月だ
友だちとぼくとが同じに一つ年をとる
それだけでもなんだかうれしい

もう一篇、サトウハチローの少年詩「サンタクロースの返事」という作品を紹介しよう。

「お手紙出して　きいてよね
サンタクロースに　きいてよね」
小さい弟《おとと》は　このぼくに
今夜もなんども　いいました

サンタクロースの　おじさんは
たぶん今年は　こないよと
このあいだから　かあさんに
弟《おとと》はいわれて　いたのです

父は秋から　わるいので
サンタクロースは　こないよと
弟《おとと》にいった　かあさんの
ながいまつげの　暗いかげ

ぼくは今夜で　はや五日《いつか》
コマをけずって　いるのです
木のくず古い　箱のふた
大中小の　コマの数

コマはきれいに　ぬりましょう
紙のお箱も　つくりましょう
あした起きたら　弟《おとうと》に
こんなに話《はな》して　きかせましょう

お手紙出したら　お返事に

今年はわたしの　お手製の
コマをたくさん　あげますと
書いてあったと　いいましょう

このサトウハチローの作品は、昭和二十年代の時代状況を背景にした少年詩で、当時の多くの少年の心をとらえて放さなかったはずだ。そして、多くの少年の心を癒したはずだ。

西條八十の少年詩はサトウハチローよりも、もうすこし年齢が上の少年を描いている。昭和二十一年十二月に大日本雄弁会講談社から出版された、『西條八十少年詩集』から二篇の少年詩を紹介しておく。

「おもひで」

向日葵《ひまわり》を
一輪持った女《ひと》でした
やさしい声でひそひそと

僕に話をしてくれた
七尾《ななお》から伏木にわたる船の中
十四の夏のひとり旅

わかれた浜の白い雲
ああその瞳さへ忘られぬ

向日葵の
母さんに似た女《ひと》でした。

「丘の上」

丘の窪地はたのしいな
空をとほるは白い雲
ねてゐるものは僕ひとり

僕はいつでも考へる
空気銃だのカメラだの
欲しいおもちやのいろいろを

それから死んだペスのこと
お嫁に行つた姉さんの
やさしい眼までおもひだす

いつまでひとり寝てゐても
いつまでなにを想つても
誰も叱らぬ草の中

雲は行つたり返つたり
夕ぐれ　月がのぼるまで
丘の窪地はたのしいな。

昭和二十年代の少女詩については、昭和二十五年一月に野村書店から出版された、西條八十の『少女詩集』から二篇紹介しておく。

「山茶花《さざんか》」

わたしの庭の
山茶花を
そつと折りとる
小さい手。

白くやさしい
指見れば、
たしかに　可愛《かわ》いい
女の子。

垣根のそとの
お嬢さん、
なぜに一言、その花を、
呉れよと言つて下さらぬ。

「靴のあと」

靴のあと、
けさ学校の行きがけに
ふたり竝んで睦まじく
雪にのこした靴のあと。

それなのに
帰途《かへり》の今は仲違《なかたが》い、
わたしひとりが涙ぐみ
さみしくたどる靴のあと。

サトウハチローと西條八十が描いている、少年像・少女像は一昔も二昔も前のものだが、今を生きる少年少女に男の子らしさ、女の子らしを示してやる必要があるように思う。そして、今を生きる少年少女たちに、新しい息吹を吹き込んでやることも重要だ。詩は鑑賞のためのもの、という考え方で少年詩・少女詩を否定してしまったようにも思える。

童謡界の巨匠　白秋と雨情

少年詩・少女詩の礎を築き、その発展のために多大な貢献を果たしたのが、有本芳水であり西條八十でありサトウハチローであった。

一方、童謡の礎を築き、その発展に多大な貢献を果たしたのが、北原白秋であり野口雨情であった。白秋と雨情は童謡界の巨匠と呼称してもいい詩人である。ここでその二人の生涯をたどっておくことにする。主な活躍の場は、『赤い鳥』と『金の船』であった。

北原白秋

北原白秋は一八八五（明治十八）年一月二十五日に福岡県で生まれ、一九四二（昭和十七）年十一月二日に東京・阿佐ヶ谷で没した。本名隆吉。福岡県山門郡沖端村大字沖端町石場五五（現在の柳川市沖ノ端町）に生まれた。生家は代々有名な海産物問屋だった。白秋の父の代から酒造業を主とし、古問屋、油屋の屋号で知られた豪商であった。水郷として名高い柳川で幼年時代をすごした白秋は、矢留小学校をへて一八九八（明治三十一）年、県立中学伝習館に学ぶ。中学三年生のころから近代文学、翻訳、詩歌に親しむ。十六歳の時に大火に遭い、家運衰退のため中学を中退して上京。このころから号を白秋に定着させる。一九〇四（明治三十七）年、早稲田大学英文科予科に入学。同級生に土岐善麿、若山牧水らがいた。一九〇六年、与謝野鉄幹の新詩社に加入し『明星』の同人となる。

一九〇八年、木下杢太郎や石井柏亭らと文学と美術交流の集い〈パンの会〉を結成。その後『邪宗門』(一九〇九、易風社)、『思ひ出』(一九一一、東雲堂)により詩壇に確かな地位を築く。『スバル』『屋上庭園』『朱欒』を創刊し、耽美派の芸術家の集会、パンの会の中心でもあった。

一九一三(大正二)年に出版した『桐の花』(東雲堂)は歌壇に新風を巻き起こしたが、人妻との恋愛事件、倒産による家族の生活問題などで、三浦三崎、小笠原島、市川真間と流転の貧窮生活が続いた。しかし、旺盛な創作活動が続けられた。詩集としては『東京景物詩及其他』(一九一三、東雲堂)『真珠抄』(一九一四、金尾文淵堂)『白金之独楽』(一九一四、金尾文淵堂)『水墨集』(一九二三、アルス)『海豹と雲』(一九二九、アルス)、歌集としては『雲母集』(一九一五、阿蘭陀書房)『雀の卵』(一九二一、アルス)『観想の秋』(一九二二、アルス)など、民謡集としては『白秋小唄集』(一九一九、アルス)『日本の笛』(一九二二、アルス)『あしの葉』(一九二四、アルス)がそれぞれある。そのほか百巻に及ぶ著作がある。

白秋の児童文学に関する仕事について触れよう。白秋は一九一八(大正七)年七月、鈴木三重吉の主宰する『赤い鳥』の創刊にあたり、三重吉の依頼により童謡の創作と応募童謡の選、および地方童謡(伝承童謡)の収集を引き受け、以来、死の直前まで千二百編にも及ぶ童謡を創作した。近代童謡の開拓者としてのその業績は偉大である。『赤い鳥』創刊後の数年間に、童謡集『とんぼの眼玉』(一九一九、アルス)『兎の電報』(一九二一、アルス)、翻訳童謡集『まざあ・ぐうす』(一九二一、アルス)『祭の笛』(一九二二、アルス)『花咲爺さん』(一九二三、アルス)『子供の村』(一九二五、アルス)『二重虹』(一九二六、アルス）『象の子』（一九二六、アルス）『からたちの花』（一九二六、新潮社）を出版するとともに、童謡論集『緑の触覚』（一九二九、改造社）、そして童謡集『月と胡桃』（一九二九、梓書房）を出版した。白秋の童謡の多くは成田為三、山田耕筰らによって作曲され全国の子どもたちに愛唱された。また白秋の童謡は、日本の風土、伝統、童心を忘れた小学唱歌との相違を明確にした。この間、一九二二（大正十一）年九月、山田耕筰と『詩と音楽』を創刊し詩と音楽との提携を図った。童話と童謡の雑誌『赤い鳥』における白秋は、伝承童謡（わらべ歌）の収集にも力を注ぎ、募集した童謡、児童自由詩の選にあたり、与田凖一、巽聖歌、佐藤義美、小林純一ら優れた童謡詩人を誕生させた。その作品は『赤い鳥童謡集』（一九三〇、ロゴス書院）として白秋によって編まれた。

しかし一九三三（昭和八）年四月、鈴木三重吉と絶交し、十六年間にわたる『赤い鳥』とも縁を切った。この年の六月、『白秋年纂　全貌』第一輯（アルス）を刊行し、一九四〇年の第八輯まで継続刊行した。一九三七（昭和十二）年、糖尿病と腎臓病による眼底出血で入院。翌年の一月に退院したが視力は回復しなかった。一九四一年一月、『白秋詩歌集』第一巻を刊行。この年、芸術院会員に推され神奈川県の城ケ島に歌碑が建つ。一九四二（昭和十七）年二月、ますます病状は悪化したが気力は旺盛で、五月には『日本伝承童謡集成』（国民図書刊行会）の企画と、毎週朝日新聞社の『週刊少国民』に少年詩の連載をはじめる。この少年詩は八月に『大東亜戦争少国民詩集』（朝日新聞社）として刊行された。九月、書き下ろしの少国民詩集『満州地図』（フタバ書院）を刊行。十一月二日病没。多磨霊園に埋骨。

白秋の童謡への作曲にかかわって、藤田圭雄は日本児童文学学会編『児童文学辞典』（一九八八、東京書籍）のなかで次のように述べている。「千二百編を超す白秋の童謡のうち、四百編には曲がついている。しかも一つの童謡に『あわて床屋』（石川養拙、山田耕筰、成田為三、杵屋佐吉）、『ちんちん千鳥』（近衛秀麿、成田為三、山田耕筰、宮原禎次、今川節、町田等）のように何人もが作曲をしているので総数は六百を超す。主な作曲家は、山田耕筰（一一八曲）、中山晋平（九十一曲）、成田為三（七十九曲）、弘田龍太郎（六十九曲）、草川信（五十五曲）、藤井清水（二十五曲）。六百曲のうち、今日歌い継がれているものの数は必ずしも多いとはいえないが、白秋の童謡を中心につくり出された童謡曲の伝統は、今日に生きる子どもの歌の核となっている」。

また白秋が蒐集した伝承童謡（わらべ歌）は、国民図書刊行会版は三巻で中絶していたが、死後、門下生の手によって改訂新版『日本伝承童謡集成』全六巻（一九七四―一九七六、三省堂）として完結した。室町時代以降、主として徳川期から明治時代末期までの期間の伝承童謡を、子守唄編、天体・気象・動植物唄編、遊戯唄編上・中・下、歳事・雑謡編の全六巻にまとめたものである。また、一九八四（昭和五十九）年十二月、生誕百年を記念して『白秋全集』（岩波書店）の刊行が開始され、第Ⅰ期第一巻から第二十四巻、第Ⅱ期第二十五巻から第三十九巻、別巻1の全四十巻が一九八八（昭和六十三）年八月に完結した。なお、白秋の童謡は『日本児童文学大系第七巻』（一九七七、ほるぷ出版）にそのすべてが収録されており、よく整理されている文献として貴重である。

白秋の代表作の世界

まず、「揺籃のうた」についてふれます。

北原白秋は大正九年五月に妻章子《あやこ》と離婚しました。そして、翌大正十年四月に佐藤菊子と再婚しました。白秋三十七歳の時でした。活発な文筆活動になろうとしていた時期だっただけに、この再婚によって家庭生活も落ちつき、文筆活動も安定しました。

「揺籃のうた」は再婚した年の八月に『小学女生』に発表されました。草川信と中山晋平の作曲です。そして、大正十一年三月、長男隆太郎が誕生しました。我が子を思う親の願い白秋の思いが、歌う人も聞く人も、口ずさむ人もすべての人に共感を与えるのでしょう。

「揺籃のうた」は、リフレーン繰り返しが魅力的で暖い童謡です。西條八十と野口雨情の作品は孤独のイメージから生まれました。リフレーンということでいえば、「砂山」もリフレーンの魅力、あったかさのある作品です。第一連は「すずめ啼け啼け」「みんな呼べ呼べ」という繰り返しです。第二連、「すずめちりぢり」「みんなちりぢり」ですね。そして第三連は「すずめさよなら、さよならあした」「海よさよなら、さよなら、あした」いいですね。

「雨ふり」もあったかさとリフレーンの魅力があります。

第一連は「雨、雨、ふれふれ、母さんが」第二連は「かけましょ、かばんを、母さんの」「あとから行こ行こ」、第三連は、「あらあらあの子は」となっています。そして、各連とも、「ピッチ〳〵、チャップ〳〵、ラン〳〵〳〵」と繰り返しがあります。これもいいですね。

「揺籃のうた」では、「ねんねこ、ねんねこ、ねんねこ、よ」と第一連から第三連まで繰り返されます。このリフレーンによってあったかさがかもしだされているといえます。

草川信と中山晋平の作曲と書きましたが、一般にはそう考えられているのでしょうか。北原白秋著『作曲白秋童謡集』が昭和四年十月に改造文庫として出版されています。この本では「砂山」「雨ふり」「揺籃のうた」は、中山晋平の作曲ということになっています。音楽の専門家に確認してみる必要がありますね。

「この道」も白秋の代表作です。

童謡「この道」は、大正十五年八月号の『赤い鳥』に掲載され、昭和二年二月に山田耕筰が作曲しました。

第四連に「山査子《さんざし》」がでてきます。「山査子《さんざし》」は中国産のバラ科の植物で、春に梅に似た白い花をつけ、秋に黄色い実をみのらせます。

「この道」の創作のいきさつについてふれておきます。

白秋は大正十四年八月七日に、歌人の吉植庄亮《しょうりょう》と二人で、鉄道省の樺太旅行団の一員として、横浜を出帆して、樺太、北海道の各地を旅行しました。あかしやの咲く道、白い時計台の丘などは、そのときの札幌の印象であろうと、藤田圭雄は岩波文庫の藤田編『白秋愛唱歌集』のなかで述べています。この文庫は一九九五年十一月の刊行です。

童謡「この道」は、北原白秋の幼い時の記憶から出発した、幻想的な詩集『思ひ出』、明治四十四年の出版です。この詩集の系統に位置すると、白秋は記しています。さらに『白秋童謡読本　六』の注には、「北海道の風景です。主人公は男の子です。」と白秋は記しています。このことから、北海道の旅で得た幼い頃の体験に似た感動から生まれた童謡だといえます。

「砂山」についてふれます。この「砂山」という作品は、大正十一年に中山晋平の作曲によって歌われ、全国の子どもたちに愛唱されて、今日にいたっています。

童謡「砂山」の成立の事情にふれておきます。藤田圭雄が書いていた成立の事情についてだったと思います。

白秋は大正十一年六月に、新潟師範学校の招きで、童謡音楽会にいきました。師範学校の講堂には二千人もの子どもたちが集まりました。子どもたちは白秋の童謡を十曲歌い、それを聞いて白秋はおおいに感激しました。

音楽会のあと主催者の案内で、佐渡ヶ島の見える海岸を歩き、見わたすかぎりの茱萸《ぐみ》の原っぱに驚き、砂山で日暮れまで遊んでいる子どもたちの姿に心をひかれ、その様子を童謡として創作したのが「砂山」です。

そして、北原白秋はその作品の作曲を、中山晋平に依頼し、出来あがった曲譜と童謡を新潟師範学校に寄贈したのです。

子どもたちの希望でもありました。白秋は九月頃またやって来るから、また童謡発表会をやって欲しいと頼むと、それでは何か新潟の童謡を一つ作って欲しい、それを今度は歌いたいというので、白秋は大変嬉しくなって、創作を約束したのでした。

そうして出来あがった童謡「砂山」は、雑誌『小学女生』の大正十一年九月号に掲載され、やがて日本全国で愛唱されるようになったのです。

この頃の北原白秋の童謡には、おおきな特徴があります。蛍や虫などの虫類、雀・百舌《もず》などの鳥類、犬・馬などの獣、枇杷・柿などの植物と田園の風物に取材した作品が多いのです。その代表作がこの「砂山」と、児童雑誌『童話』の大正十一年十月号に掲載された山田耕筰が作曲した「かやの木山の」という童謡です。

かやの木山の／かやの実は、／いつかこぼれて、ひろわれて。

山家《やまが》のお婆《ば》さは／ゐろり端《ばた》、／粗朶《そだ》たき、柴たき、／燈《あかり》つけ。

かやの実、かやの実、／それ、爆《は》ぜた。／今夜も雨だろ、／もう寝よよ。

お猿が啼くだで、／早よお眠《ね》よ。

「砂山」そして「かやの木山の」という童謡、どちらも名曲ですね。

野口雨情

野口雨情は一八八二（明治十五）年五月二十九日に茨城県に生まれ、一九四五（昭和二十）年一月二十七日に栃木県で没した。本名英吉。茨城県多賀郡北中郷村磯原一〇三番地（現北茨城市磯原町）の素封家の長男として生まれる。恵まれた家庭環境で幼少年期を送り、磯原尋常小学校、高等小学校をへて、当時衆議院議員であった伯父野口勝一を頼って上京し寄宿する。東京数学院中学（のちの順天中学校　現在の東京高等学校）に学ぶ。中学時代から俳句や詩を創作。一九〇一（明治三十四）年に東京専門学院（現在の早稲田大学）高等予科文学科に入学。小川未明、鈴木善太郎を知るが、翌年中退。このころ内村鑑三、幸徳秋水、大杉栄らのキリスト教・社会主義・無政府主義などの思想的影響を受ける。また、詩作活動に没頭し詩壇に出るとともに、お伽噺・短編童話などを意欲的に発表。一九〇五（明治三十八）年、第一詩集『枯草』を水戸の高木知新堂より自費出版。一九〇七年には童謡《七つの子》の原型といわれる《山がらす》を含む月刊民謡集『朝花夜花』を刊行。同年三月、人見東明、三木露風、相馬御風、加藤介春らと早稲田詩社を結成。

七月、北海道にわたり札幌の北鳴新聞社に入社し、石川啄木と知り合う。その後、小樽に移り小樽日報社の創業にかかわるが一か月で退社し、北海道タイムス社をはじめとし、室蘭・旭川などを転々とした記者生活を送る。一九〇九年、北海道を去り上京して有楽社に入社し、雑誌『グラヒック』の編集に従事。一九一一（明治四十四）年九月、母てる死亡。翌年やむなく帰郷し、郷里磯原の広大な山林の管理と植林事業に専念し、磯原漁業組合長などの公職にもついた。一九一五年五月に妻と協議離婚。文学への情熱断ち難く、悶々とした生活を送る。一九一八年一月、水戸の常盤公園好文亭で開かれた、『いはらき新聞』主催の木星記念会に出席し、横瀬夜雨、山村暮鳥、大関五郎らと会う。この年、水戸の中里つると再婚した。一九一九年、『茨城少年』の編集に従事し少年詩の選者となる。また、毎号童謡の普及にもつとめた。六月、『都会と田舎』（銀座書房）を刊行して詩壇へ復帰。八月には《船頭小唄》（原題・枯れすすき）を作詞し、作曲を中山晋平に依頼する。九月からは『こども雑誌』に、十一月からは『金の船』に童謡を発表しはじめる。

一九二〇（大正九）年一月に『金の船』の童謡欄の選者となる。六月に上京して西條八十の紹介で、

『金の船』の発行所であるキンノツノ社編集部に勤務するとともに、同誌に毎月童謡を発表。《四丁目の犬》や《蜀黍畑《もろこしばたけ》》などによって、雨情童謡の評価が高まる。九月、《十五夜お月さん》を発表。この童謡は白秋の《あわて床屋》や西條八十の《かなりや》などと前後してレコード化された。この年、雨情を中心として東京童謡会が結成された。雨情は『赤い鳥』の北原白秋と並んで、童謡運動の第一線に立った。

一九二一年二月に民謡集『別後』を交蘭社から出版。六月、童謡集『十五夜お月さん』（尚文堂）を出版。七月、《七つの子》を『金の船』に発表。この童謡は雨情の代表作として愛唱されて今日にいたっている。十二月、《青い眼の人形》を『金の船』に、《赤い靴》を『小学女生』に発表。

一九二二年三月、『童謡作法問答』（尚文堂）および『童謡の作りやう』（交蘭社）を出版。『婦人界』の童謡欄の選者となる。十一月、《しゃぼん玉》を『金の塔』に発表。このころから全国各地に講演旅行に出かけ、民謡と童謡の普及につとめた。一九二三年には《船頭小唄》が好評を博した。この年の一月、『少女倶楽部』に童謡の発表を開始する。三月、『童謡十講』（金の星社）を、七月に『童謡教育論』（米本書店）、十月に『童謡と児童の教育』（イデア書院）と一連の教育論を出版する。

一九二四年一月、『童謡作法講話』（米本書店）を出版するとともに、《あの町この町》を発表。五月、《兎のダンス》を発表するとともに、『少年倶楽部』の童謡欄の選者となる。この月『民謡と童謡の作りやう』（黒潮社）を出版。六月、《波浮の港》を『婦人世界』に発表し、『青い眼の人形』（金の星社）

を出版。七月、『雨情民謡百篇』（新潮社）を出版。十二月、《証城寺の狸囃子》を『金の船』に発表。

一九二五年三月、《紅屋の娘》（原題《春の月》）を『令女界』に発表。五月、童謡詩人会の設立に参加し、六月に北原白秋、川路柳虹、三木露風、白鳥省吾、西條八十、竹久夢二と共に編纂した『日本童謡集』（新潮社）を出版。七月、『童謡と童心芸術』（同文館）を出版。八月から四回にわたって「童謡の作り方」を『少年倶楽部』に発表。

一九二六（大正十五・昭和元）年一月、『幼年倶楽部』に童謡の発表を開始。『少年倶楽部』の童心句の選者となる。九月、北原白秋、佐佐木信綱らと日本作歌協会を設立。一九二八年には《波浮の港》が、翌年には《紅屋の娘》がそれぞれ大ヒットする。一九三三（昭和八）年三月、浜田広介らと日本歌謡協会を設立。

一九四四（昭和十九）年一月、北多摩郡武蔵野村吉祥寺（現在の武蔵野市）から栃木県河内郡姿川村鶴田一七四四番地（現在の宇都宮市）に転居し、前年来の病気の療養に専念する。翌一九四五年一月二十七日に死去した。この年の三月に生まれ故郷の磯原に分骨される。一九六六（昭和四十一）年、東京都小平霊園に埋葬。一九八〇（昭和五十五）年九月、生家近くの磯原海岸沿いに、野口雨情記念館が開館された。また、雨情の童謡は『日本児童文学大系第十七巻』（ほるぷ出版　一九七七）にまとめられている。雨情の作品は、中山晋平、本居長世、山田耕筰、弘田龍太郎、草川信、宮崎琴月、北村季晴らによって作曲され、広く歌われて今日にいたっている。

雨情の代表作の世界

「七つの子」という童謡についてですが、この作品の題名、「七つの子」は「七歳の子ども」なのか、「七羽の子烏」なのかという二つの解釈があります。研究者の間でこの解釈をめぐって、議論がありました。そうした議論の中で、詩人の藤田圭雄は、「七つの子」の「子」が単数形なのか複数形なのかが、はっきりしないのでまごまごしたと語っています。

しかし、野口雨情は『童謡の童心芸術』、同文館という出版社から大正十四年の七月に出版されたこの本の中で、「七つの子」の場合を、

「静かな夕暮に一羽の烏が啼きながら山の方へ飛んでいくのを見て少年は友達に、

『何故烏はなきながら飛んでゆくのだらう』と尋ねましたら、

『そりゃ君、烏はあの向ふの山に多《たく》さんの子供たちがゐるからだよ、あの啼き声を聞いて見給へ、かはいかはいといってゐるではないか、その可愛い子供たちは山の巣の中で親《おや》からすのかへりを待ってゐるに違ひないさ』

といふ気分をうたったのであります。」

と記しています。「七羽の子烏」と考えるのが正解です。

鳥の啼き声は人によって聞き取り方がちがいます。鳥の啼き声は「かあ　かあ」あるいは「クヮァ　クヮァ」と聞こえます。「クヮァー」は「かわいイ」とも聞こえます。雨情の感性かもしれません。

この童謡「七つの子」は大正十年七月の、『金の船』に発表されました。作曲は本居長世です。童話雑誌『金の船』は大正八年十一月の創刊です。大正時代を代表する童話雑誌の一冊です。大正十一年六月号から『金の星』と改題されました。そして、昭和四年六月まで発行されました。お孫さんに金の星社の絵本や童話を買ってあげたことのある人もいると思います。『金の船』改題『金の星』の発行から、現在の金の星社は創業したのです。

野口雨情の童謡のほとんどが、この『金の船』改題『金の星』という童話雑誌に発表されました。『赤い鳥』の童謡は北原白秋、『金の星』の童謡は野口雨情に代表されます。

童謡「しゃぼん玉」も雨情の代表作です。この作品は大正十一年十一月に『金の塔』という児童雑誌に発表しました。この『金の塔』という雑誌も、大正時代に創刊されました。

小説の世界に〈私小説〉というジャンルがあります。作家の自分自身の個人生活を小説にしたものです。ですから、小説の世界と作家の生活が同じものなのです。

童謡も〈私小説〉的に解釈する人もいます。北原白秋の「砂山」は詩人の経験や体験と重ねあわせて、新潟の海を考えるのもいいでしょう。しかし、野口雨情の童謡「しゃぼん玉」は、雨情の私生活と重ねて考えるのは、止めにしたいものです。

「しゃぼん玉」を雨情の私生活と重ねて考えるのが、一般的になっています。それは、明治四十一年に長女みどりが生まれましたが、わずかに八日間の命だった。次女三女と女の子が生まれましたが、雨情は亡くなった長女のことが忘れられずに、心に残り、「しゃぼん玉」という童謡が生まれたという解釈です。つまり、シャボン玉ははかなく散った、我が子の命を歌った童謡だと考えている人が多いのです。童謡が作られたのは大正十一年、長女の死は明治四十一年です。十四年間もの間、長女の死を悲しみぬいたと考えるのは、あまりにも悲壮です。

悲壮な童謡だから、今日まで歌い継がれてきたのでしょうか。そうではないと私は思います。自分自身の幼い頃の遊びと、私たちは重ねあわせて歌います。虹のように輝くしゃぼん玉が空高く飛んでいくのを思いうかべます。それが、「しゃぼん玉」という童謡のよさです。幼い頃の体験を思いうかべながら歌う童謡、それが「しゃぼん玉」という童謡です。

だからこそ長い年月にわたって歌い継がれ、私たちの郷愁をさそってくれるのです。童謡を好んで歌う、口ずさむ私たちの今を大切にしたいものです。

雨情の作品には民謡の世界もあります。「波浮の港」はその代表作です。この作品は、昭和三年四月に新民謡として、中山晋平の作曲、歌手　佐藤千夜子によってヒットしました。

翌年の昭和四年、雨情の「紅屋の娘」がヒットしました。この歌も中山晋平の作曲、佐藤千夜子が歌いました。ビクターから発売され、A面が「紅屋の娘」B面がやはり中山晋平作曲の西條八十「東京行進曲」でした。野口雨情は歌謡曲の世界でもヒット作を創作していたということは、雨情の多彩な才能をみることができます。

歌謡曲「紅屋の娘」を紹介しておきます。

一　紅屋で娘の　いうことにゃ／サノ　いうことにゃ／春のお月様　薄曇り／ト　サイサイ　薄曇り

二　お顔に薄紅　つけたとさ／サノ　つけたとさ／私も　薄紅つけよかな／ト　サイサイ　つけよかな

中山晋平は、島村抱月・相馬御風作詞「カチューシャの唄」も作曲しました。これは大正三年、松井須磨子が歌いました。そして翌大正四年、吉井勇作詞の「ゴンドラの唄」を作曲しました。

いのち短し　恋せよ乙女／紅き唇　あせぬまに／熱き血潮の　冷えぬ間に／明日の月日は　ないものを

この歌も松井須磨子が歌ってヒットしています。いずれも芸術座の舞台で歌われました。

中山晋平の生活の場は芸術座でした。仕事の中心が芸術座でした。大正六年には北原白秋の「さすらいの唄」を作曲し、松井須磨子の歌でヒットさせています。

大正八年、芸術座は「カルメン」の公演を最後に解散し、中山晋平は生活の場を失って途方に暮れました。その晋平を救ったのは、大正デモクラシーの波にのって盛んになった、童謡運動と新民謡の勃興でした。

童謡運動にかかわって、中山晋平の童謡作曲の処女作は浅原鏡村の「てるてる坊主」でした。そして、野口雨情の作品も次々に晋平は作曲していきました。

「船頭小唄」があります。童謡では「赤とんぼ」、これは三木露風の童謡に同じ題名の作品があります。露風の「赤とんぼ」は「とんぼ」が漢字です。雨情の「赤とんぼ」を紹介しておきます。

一、つんつんとんでる　赤とんぼ／金魚屋の金魚は　何してた／皆で　列《なら》んで　水のんでた

二、つんつんとんでる　赤とんぼ／とっとやのとっとは　何してた／皆で　列んで　ねんねしてた

「黄金虫」「あの町この町」「兎のダンス」「証城寺の狸囃子」「雨降りお月」などの雨情の童謡に晋平は作曲しました。

時局を反映した詩集

出版統制が強化されていくなかで、昭和十六年十二月八日、大東亜戦争に突入した。この年の十二月二十三日に日本少国民文化協会が設立され、いわゆる〈少国民文学〉の時代を迎えるのである。なお、戦時下の児童文学（少国民文学）については、三一書房の少年小説大系第十巻『戦時下少年小説集』（一九九〇・三）の拙稿「解説　戦時下の少年小説――国策文学としての、その光と影」で詳細に論じてあるので御参照いただきたい。

時局を反映した多くの詩集が出版されるわけだが、代表的な詩集に高村光太郎の『をぢさんの詩』（昭十八・十一　武蔵書房）がある。

この詩集は少年と少女の別なく、少年少女のための詩集となっている。「序」に〈詩篇はほぼ読む人の年齢順にならべた。むかし書いたのもあるし、最近書いたのもある。大正十三年に書いた「春駒」がいちばんふるく、今月書いた「提督戦死」がいちばん新しい。小父さんは、けつきよく、日本国土の美しさと、大君のため生きてかひあるよろこびとを、心の愛をかたむけて、くりかへし抒べてきたのである。〉と記されている。本書の「少年詩・少女詩略年表」を参照のこと。

高村光太郎

高村光太郎は明治十六年三月十三日、東京市下谷区西町に、光雲の長男として生まれる。幼少年時代に、「平家物語」や四書五経などを教えてもらい、また「南総里見八犬伝」等を愛読する。

明治三十年、開成予備校を卒業し、東京美術学校予科に入学する。明治三十五年、東京美術学校彫刻科を卒業し、研究科に残る。明治三十九年、ニューヨークに渡り、ロンドン、パリで美術館や図書館を見学する。フランスでの生活でボードレールやヴェルレーヌの詩に感銘をうける。明治四十二年に帰国する。

明治四十四年に長沼智恵子を知り、大正三年に結婚する。この年、第一詩集『道程』（抒情詩社）を出版する。昭和六年、最初の精神変調が智恵子に来る。入院・静養するも効果なく昭和十三年に逝去する。

昭和十六年、詩集『智恵子抄』（龍星閣）を出版する。昭和十七年、『道程』が第一回芸術院賞を受ける。以後、詩集『大いなる日に』（道統社　昭十七）随筆集『某月某日』（龍星閣　昭十八）少国民詩集『をぢさんの詩』（武蔵書房　昭十八）詩集『記録』（龍星閣　昭十九）詩集『再訂版・道程』（青磁社）等を出版する。

昭和二十年、岩手県大田村山口の小屋に一人住み農耕自炊の生活に入る。昭和二十五年、詩集『典型』（中央公論社）詩文集『智恵子抄その後』（龍星閣）を出版する。翌年、『典型』で読売文学賞を受賞する。

昭和三十一年四月二日、肺結核のため逝去した。

戦後の少年詩・少女詩

児童が少国民と呼ばれた時代にあって、多くの少国民詩集が出版されたわけだが、少年少女詩としての少国民詩集と、童謡としての少国民詩集とが出版された。

例えば、北原白秋『港の旗　少国民詩集』（昭十七・四　アルス）の「あとがき」は次のように記されている。

作品としては、比較的に最近のもので、童謡を主とし、それにいくらかの童詩が加はつてをります。これまでの、私の他の童謡集と異つてゐる点は、夢よりは現実を、土俗よりは近代機構其の他少国民生活の主たるものに素材を選んであることです。（中略）

私の愛する日本の少国民たちの感情が、あの明るい港の旗のやうに、いつも清新であるやうに祈ります。

この「あとがき」からもわかるように童謡集である。小林純一『少国民詩集　太鼓が鳴る鳴る』（昭十八・八　紀元社）の所収作品は、「あとがき」に〈この「太鼓が鳴る鳴る」は、私が童謡を作り出して以来、昭和六年から昨十七年の夏に至る十二年間の足跡をしめしたものです。〉とあるように、小林純一の第一童謡集として位置づけることができる。

さらに「あとがき」で小林は〈この緊迫した決戦下の少国民図書としては、もつと直接的な感動を呼び起すもの、いひかへれば十二月八日以後の精神によつて得た作品のみで編むべきではなかつたかと、いささか忸怩たるものがある。〉と記している。戦時下にあって、少国民の生活を描いた詩集が数多く出版されている状況に対する小林なりの思いがここにある。

少年詩・少女詩は『少年倶楽部』『少女倶楽部』誌上で健在であった。

敗戦であり終戦であった昭和二十年八月十五日を境に、新しい時代の新しい少年詩と少女詩が発表されていく。その出発点に位置づけられる少年詩が、百田宗治の「夜汽車の中で逢つた少年」(昭和二十一・一『少年倶楽部』)である。昭和二十一年四月、『少年倶楽部』『少女倶楽部』はそれぞれ『少年クラブ』『少女クラブ』と改題され、『少年クラブ』はサトウハチローが主に少年詩を発表し、『少女クラブ』の少女詩は西條八十・サトウハチロー・長田恒雄・勝承夫・堀口大学・大木惇夫・北園克衛・江間章子・竹内てるよ・丸山薫・三井嫩子等、むしろ多くの詩人を起用している。その理由は何だったのだろう。

旧作の復刊という形での少女詩集の出版はあったが、新作の少女詩集の出版がなかったのは、『少女クラブ』の執筆者が多岐にわたったためだったからかもしれない。

サトウハチローは光文社の雑誌『少年』と『少女』にも少年詩・少女詩を発表している。例えば、『少年』の昭和二十四年新年特大号に「希望の春」を、『少女』の昭和二十四年九月号に「二つのお人形」を発表している。本書五十八ページ参照のこと。

サトウハチローは昭和二十四年五月に千代田出版から『少年詩集』を出版した。この詩集は、旧作と、昭和二十一年から昭和二十三年までに発表された少年詩とが半々に収められている。昭和二十六年八月に大日本雄弁会講談社から出版された『少年詩集』は、サトウハチローの戦後の少年詩の集大成である。サトウハチローについては、本書の「サトウハチローの童謡と少年詩」の項を参照願いたい。

昭和二十六年、『少年』『少女』両誌の少年詩・少女詩の掲載が打ち切られ、昭和二十九年には『少女クラブ』の少女詩が、昭和三十一年には『少年クラブ』の少年詩が、それぞれ掲載が打ち切られて少年詩・少女詩の歴史は終焉した。

昭和二十三年十二月にさ・え・ら書房から出版された大木実の『私たちの詩集　未来』(昭和二十五年十月二十日発行の改定版)は、戦後に生まれた少年少女詩集の出発点に位置づけられる詩集である。高田敏子『月曜日の詩集』、小林純一『銀の触角』、大木実・原田直友『清水あふれるところ』、吉田瑞穂『海べの少年の歌』、まど・みちお『てんぷらぴりぴり』、巽聖歌『せみを鳴かせて』等はその系譜に位置づけられるものである。これらの詩人のうち、戦後まっさきに少年少女詩集を出版した大木実についてふれておく。

大木　実

大木実は大正二年十二月十日、東京市本所区に生まれる。少年時代に島崎藤村、室生犀星、佐藤春夫らの詩や、北原白秋、西條八十らの童謡をよむ。

電機学校中退後、店員、工員、出版社社員等を転々とする。昭和十四年、第一詩集『場末の子』（砂子屋書房）を出版する。昭和十七年、『四季』の同人となり、同誌や『新潮』『文芸』等に詩を発表し、『屋根』（砂子屋書房　昭十六）『故郷』（桜井書店　昭十八）『遠雷』（桜井書店　昭十八）を出版する。

戦時下で応召し昭和二十一年に仏印より復員する。東京市役所に勤務し、のち埼玉県大宮市役所に勤務する。戦後の詩集に、『初雪』（桜井書店　昭二十一）『夢の跡』（白井書房　昭二十二）『路地の井戸』（桜井書店　昭二十三）『天の川』（国文社　昭三十二）『月夜の町』（黄土社　昭四十一）等の他、少年詩集『私たちの詩集　未来』（さ・え・ら書房　昭二十三）がある。

昭和四十二年、第四次『四季』の復刊で同人となる。昭和五十年、大宮市役所を退職する。昭和五十九年、『大木実全詩集』（潮流社）を出版する。平成元年、原田直友との共著で少年少女詩集『清水あふれるところ』（国文社）を出版する。平成三年、詩集『柴の折戸』（思潮社）を出版し、第十回現代詩人賞を受賞した。日本現代詩人会名誉会員。

平成八年四月十七日、心不全のため逝去した。


もうひとつの新しい少女詩の潮流が、『女学生の友』（小学館）の中で生まれ始めた。それは昭和三十一年のことである。この年の六月号の同誌に、新川和江が「雨の公園――別れた友によせて」を発表している。

一、だあれもいない公園で／ひとりひっそり噴水が／銀のしぶきをあげていた／さみだれ降る日の午後でした
二、約束まもって来たけれど／いつまで待っても来ないひと／遠いあの日の指きりが／ベンチのかげで　ぬれてます
三、初夏の空　白い雲／うつした影のなつかしさ／なにをさがすかまたもぐる／池のスワンはさびしかろ
四、さみだれ降る日の公園に／わかれをつげて　ふりかえりゃ／ちいちゃな雨の妖精が／ちゃぷちゃぷはねて踊ってた

このような詩の系譜が、どのように形成されていったのかは今後の研究課題としておく。ひょっとしたら、九〇年代でいえば、ポップス（ポピュラーミュージック）やニューミュージックの中に息づいていたのかもしれない。

（二上洋一・根本正義共編『少年小説大系　第27巻　少年短編小説・少年詩集』三一書房　一九九六年九月三十日　同書に執筆した、有本芳水、児玉花外、西條八十、高村光太郎、大木実、サトウ

ハチローの年譜を再録した。本書この系譜は同書の拙稿「解説——少年詩集について」を基に、全体を大幅に加筆したものである。）

少年詩・少女詩略年表

附　抒情歌一覧

年	月	少年詩・少女詩	童謡関係
明治17年（一八八四）	7	『女学雑誌』（万春堂のち女学雑誌社）創刊。	
明治21年（一八八八）	11 12	『少年園』（少年園）創刊。 落合直文『少年園』に「孝女白菊の歌」を翌年5月まで発表。	5月、大和田建樹・奥好義同選『明治唱歌集』（中央堂）出版。
明治24年（一八九一）	1	『幼年雑誌』（博文館）創刊、佐佐木信綱・大和田建樹が執筆。	1月、『少年文学叢書』（博文館）刊行開始。明治27年12月、全32冊完結。
明治27年（一八九四）	10 12	岩野泡鳴『女学雑誌』に「乙女」「みこゝろとほる君なれば」「松島」等を発表。 『幼年雑誌』終刊。	
明治28年（一八九五）	1 4	『少年世界』（博文館）創刊。 『少年園』終刊。	
明治31年（一八九八）	9	『中学世界』（博文館）創刊、大町桂月・太田玉茗・落合直文・上田敏・蒲原有明等が執筆。	
明治34年（一九〇一）	1	『女学世界』（博文館）創刊、西條八十等が執筆。	7月、滝廉太郎『幼稚園唱歌』（共益商社書店）出版。

明治36年（一九〇三）	10	『少年』（時事新報社）創刊。	
	11	岩野泡鳴『少年』に「隣の犬」「沖の小島」を発表。以後、明治43年12月まで毎号執筆。	
明治37年（一九〇四）	2	『女学雑誌』終刊。	
明治38年（一九〇五）	11	児玉花外『中学世界』に「秋雲」を発表、以後同誌が執筆の中心となる。	10月、佐々木吉三郎他編『尋常小学唱歌』（国定教科書共同販売所）出版。
明治39年（一九〇六）	1	『日本少年』（実業之日本社）創刊、星野水裏主筆となる。	
	9	『少女世界』（博文館）創刊。	
明治41年（一九〇八）	2	『少女の友』（実業之日本社）創刊。	
明治43年（一九一〇）	5	『学生』（冨山房）創刊。	12月、小川未明『赤い船』（京文堂書店）出版。
明治44年（一九一一）	6	北原白秋『抒情小曲集　おもひで』（東雲堂書店）出版。	
	7	星野水裏『口語詩新体詩浜千鳥』（実業之日本社）出版。	
	12	児玉花外『英雄史詩日本男児』（実業之日本社）出版。	

明治45年 大正元年 （一九一二）	1	『少女画報』（東京社）創刊	
	4	児玉花外『少年世界』に「赤い火焔の英雄――織田信長」を発表。	
大正2年 （一九一三）	1	有本芳水『日本少年』の主筆となる。	
大正3年 （一九一四）	3	有本芳水『芳水詩集』（実業之日本社）出版。　児玉花外『学生』に「太陽と青年の歌」を発表。	4月、『子供之友』（婦人之友社）創刊。
	11	『少年倶楽部』（大日本雄弁会講談社）創刊。児玉花外『学生』に「秋風日本刀の歌」を発表。	
大正5年 （一九一六）	1	児玉花外『詩伝乃木大将』（金尾文淵堂）出版。	1月、『良友』（コドモ社）創刊。
大正6年 （一九一七）	1	有本芳水『詩集　旅人』（実業之日本社）出版。	
	2	星野水裏『赤い椿』（実業之日本社）出版。	
大正7年 （一九一八）	3	有本芳水『詩集　ふる郷』（実業之日本社）出版。	7月、『赤い鳥』（赤い鳥社）創刊。
	5	『学生』終刊。	
大正8年			4月、『おとぎの世界』（文光堂）創刊。

（一九一九）			5月、『小学少女』（研究社）創刊。 10月、鈴木三重吉編『「赤い鳥」童謡集』（赤い鳥社）、北原白秋『トンボの眼玉』（アルス）出版。 11月、『金の船』（キンノツノ社）創刊。
大正9年（一九二〇）	2	星野水裏『白桔梗の花』（実業之日本社）出版。	4月、『童話』（コドモ社）創刊。
大正11年（一九二二）	4	児玉花外『名作童謡少年の歌』（岡村書店）出版。『令女界』（宝文館）創刊。	6月、『金の船』を『金の星』（金の星社）と改題。10月、『おとぎの世界』終刊。
大正12年（一九二三）	1	『少女倶楽部』（大日本雄弁会講談社）創刊。	12月、『コドモアサヒ』（大阪朝日新聞社）創刊。
大正13年（一九二四）	?	『少年』終刊。	5月、『西條八十童謡全集』（新潮社）出版。
大正14年（一九二五）	6	『女学世界』終刊。	
大正15年 昭和元年（一九二六）	11	加藤まさを『まさを抒情詩集』（春陽堂）出版。	1月、『幼年倶楽部』創刊。 7月、『童話』終刊。

昭和2年（一九二七）	2	西條八十『少女詩集　抒情小曲集』（宝文館）出版。	
昭和3年（一九二八）	9	西條八十『純情詩集』（宝文館）出版。	3月、『小学少女』終刊。
	12	加藤まさを『抒情小曲集』（宝文館）出版。	?月、『良友』終刊。
昭和4年（一九二九）	4	西條八十『少年詩集』（大日本雄弁会講談社）出版。	7月、『金の星』終刊。
	9	北原白秋『銀の花籠　純情詩集』（宝文館）出版。	3月、『赤い鳥』休刊。
	11	西條八十『令女詩集　令女文学全集第十二巻』（平凡社）出版。	
昭和5年（一九三〇）	5	『中学世界』終刊。	3月、同人誌『乳樹』創刊。12月、『乳樹』を『チチノキ』と改題。
昭和6年（一九三一）	10	『少女世界』終刊。	1月、『赤い鳥』復刊。
昭和7年（一九三二）	10	西條八十『少女純情詩集』（大日本雄弁会講談社）出版。	8月、有賀連『風と林檎』（高原書店）出版。10月、多胡羊歯『くらら咲く頃』（アルス）出版。
昭和8年（一九三三）	1	『少年世界』終刊。	6月、与田準一『旗・蜂・雲』（アルス）出版。

昭和10年（一九三五）	10	サトウ・ハチロー『僕等の詩集』（大日本雄弁会講談社）出版。	5月、『チチノキ』終刊。
昭和11年（一九三六）			10月、『赤い鳥』終刊。
昭和13年（一九三八）	5 10	西條八十『少年愛国詩集』（大日本雄弁会講談社）出版。 『日本少年』終刊。	
昭和15年（一九四〇）			11月、都築益世『童謡集』（竹村書店）出版。12月、巽聖歌『春の神様』（有光社）、与田準一『山羊とお皿』（第一書房）出版。
昭和16年（一九四一）	4	小野忠孝『詩集　日本の教室は明るい』（東陽閣）出版。	7月、与田準一『戦う兵隊蟻』（中央公論社）出版。
昭和17年（一九四二）	1 6 10 12	『少女画報』終刊。 巽聖歌『少年詩集』（有光社）出版。野長瀬正夫編『日本少女詩集』（洛陽書院）出版。 百田宗治『詩集歴史　少国民のために』（有光社）出版。 水谷まさる『少国民詩集　日本の朝』（金蘭社）出版。	4月、北原白秋『港の旗　少国民詩集』（アルス）出版。9月、北原白秋『満州地図　少国民詩集』（アルス）出版。

昭和18年（一九四三）	8 9 11	北原白秋『大東亜戦争少国民詩集』（朝日新聞社）出版。 室生犀星『動物詩集』（日本絵雑誌社）出版。 高村光太郎『をぢさんの詩』（武蔵書房）出版。山本和夫『花咲く日』（洛陽書房）出版。	9月、小林純一『少国民詩集　太鼓が鳴る鳴る』（紀元社）出版。 12月、『子供之友』休刊。
昭和19年（一九四四）	5	『令女界』休刊。	
昭和21年（一九四六）	3 4 11 12	『令女界』復刊。 『少年倶楽部』を『少年クラブ』、『少女倶楽部』を『少女クラブ』と改題。 『少年』（光文社）創刊。 西條八十『西條八十少年詩集』（大日本雄弁会講談社）出版。	4月、『赤とんぼ』（実業之日本社）創刊。『幼年倶楽部』を『幼年クラブ』と改題。 10月、『銀河』（新潮社）創刊。
昭和23年（一九四八）	12	大木実『私たちの詩集　未来』（さ・え・ら書房）出版。	2月、『少年少女』（中央公論社）創刊。 8月、『銀河』終刊。 10月、『赤とんぼ』終刊。
昭和24年（一九四九）	2 5	『少女』（光文社）創刊。 サトウ・ハチロー『少年詩集』（千代田出版）出版。	

昭和25年（一九五〇）	1	西條八十『少女詩集』（野村書店）、江口榛一『あかつきの星』（広島図書株式会社）出版。	
	4	『女学生の友』（小学館）創刊。	
	9	『令女界』終刊。	
	10	大木実『私たちの詩集　未来（改訂版）』（さ・え・ら書房）出版。	
昭和26年（一九五一）	8	サトウ・ハチロー『少年詩集』（大日本雄弁会講談社）出版。	12月、『少年少女』終刊。
昭和28年（一九五三）			9月、サトウ・ハチロー『叱られ坊主』（全音楽譜出版社）出版。
昭和30年（一九五五）	6	『少女の友』終刊。	
昭和33年（一九五八）			3月、『幼年クラブ』終刊。
昭和35年（一九六〇）	3	有本芳水『芳水詩集』復刻版（実業之日本社）出版。	
昭和37年（一九六二）	12	『少年クラブ』『少女クラブ』終刊。	

昭和38年（一九六三）	3	『少女』終刊。	
昭和39年（一九六四）			6月、小林純一『銀の触角』（牧書店）出版。 12月、大木実・原田直友『清水あふれるところ』（国文社）出版。
昭和42年（一九六七）			6月、吉田瑞穂『海べの少年期』（理論社）、小野十三郎『太陽のうた』（理論社）出版。
昭和43年（一九六八）	3	『少年』終刊。	6月、まど・みちお『てんぷらぴりぴり』（大日本図書）出版。
昭和44年（一九六九）	7	加藤まさを『抒情詩集　月の沙漠』（今野書房）出版。	8月、巽聖歌『せみを鳴かせて』（大日本図書）出版。
昭和52年（一九七七）	12	『女学生の友』終刊。	

（二上洋一・根本正義共編『少年小説大系　第27巻　少年短編小説・少年詩集』（三一書房　一九九六・九））

附　抒情歌一覧

抒情歌は童謡・唱歌・国民歌謡・ラジオ歌謡（これはいわゆる歌謡曲すべてを含むと考えていい）をいう。

このうちの歌謡曲、特に昭和二（一九二七）年から昭和二十四（一九四九）年の「長崎の鐘」までの代表的なヒット曲の一覧を作成してみた。

昭和二年（一九二七）

北原白秋「ちゃっきり節」ビクター

昭和三年（一九二八）

野口雨情「波浮の港」ビクター　時雨音羽「君恋し」ビクター　時雨音羽「出船の港」ビクター　時雨音羽「鉾をおさめて」ビクター

昭和四年（一九二九）

西條八十「東京行進曲」ビクター　野口雨情「紅屋の娘」ビクター　西條八十「鞠と殿さま」　西條八十「愛して頂戴」ビクター

昭和五年（一九三〇）

長田幹彦「祇園小唄」ビクター　サトウハチロー「麗人の唄」コロムビア　野口雨情

「キューピー・ピーちゃん」『コドモノクニ』
昭和六年（一九三一）
西條八十「侍ニッポン」ビクター　西條八十「わたしこの頃変なのよ」ビクター　島田芳文「丘を越えて」コロムビア
昭和七年（一九三二）
西條八十「銀座の柳」ビクター　文部省唱歌「牧場の朝」
昭和八年（一九三三）
西條八十「サーカスの歌」コロムビア　西條八十「東京音頭」ビクター
昭和九年（一九三四）
北原白秋「高粱《コウリャン》みのる」ビクター　北原白秋「秋の祭」ビクター　佐藤惣之助「赤城の子守唄」ポリドール　大木惇夫「国境の町」ポリドール
昭和一〇年（一九三五）
藤田まさと「旅笠道中」ポリドール　サトウハチロー「もずが枯木で」（歌謡曲の世界ではこの題名、また戦後のうたごえ運動で全国に広まったが、『僕等の詩集』では「百舌よ泣くな」）湯浅みか「大江戸出世小唄」ポリドール　玉川映二（サトウハチロー）「二人は若い」テイチク　今中楓渓「野崎小唄」ポリドール　藤田まさと「明治一代女」ポリドール

昭和一一年（一九三六）
最上洋「忘れちゃいやよ」（のち「月が鏡であったなら」と題名を変えて再発売）テイチク　門田ゆたか「東京ラプソディ」テイチク　佐藤惣之助「男の純情」テイチク　星野貞志（サトウハチロー）「ああそれなのに」テイチク（日活映画『うちの女房にゃ髭がある』の主題歌でハチローのペンネームは主演の星玲子をもじって〈星の亭主〉と洒落たもの）星野貞志（サトウハチロー）「うちの女房にゃ髭がある」テイチク（同上）

昭和一二年（一九三七）
佐藤惣之助「すみだ川」ポリドール　佐藤惣之助「人生の並木路」テイチク　佐藤惣之助「青い背広で」テイチク　喜志邦三「春の唄」ポリドール　山野三郎（サトウハチロー）「若しも月給が上がったら」キング　島田磬也「軍国の母」テイチク　山口義孝「軍国子守唄」キング　藪内喜一郎「露営の歌」コロムビア　大友家持「海行かば」国民歌謡　サトウハチロー「千人針」ポリドール

昭和一三年（一九三八）
佐藤惣之助「上海だより」ポリドール　森川幸雄「愛国行進曲」各社　有本憲次「日の丸行進曲」各社　佐藤惣之助「人生劇場」テイチク（日活映画、尾崎士郎原作『人生劇場（残俠編）』主題歌）　西條八十「旅の夜風」コロムビア（松竹大船、川口松太郎原作『愛染かつら』

主題歌）　西條八十「悲しき子守唄」コロムビア　西條八十「支那の夜」コロムビア
藤田まさと「麦と兵隊」ポリドール（火野葦平著『麦と兵隊』を歌にしたもので、東海林太郎が歌った）

昭和一四年（一九三九）
福田節「父よあなたは強かった」コロムビア　久保井信夫「愛馬進軍歌」各社　藤浦洸「一杯のコーヒーから」コロムビア　宮本旅人「旅姿三人男」テイチク　サトウハチロー「古き花園」コロムビア（松竹映画、加藤武雄原作『春雷』主題歌）　石松秋二「九段の母」テイチク　西條八十「愛染夜曲」コロムビア（松竹映画『続・愛染かつら』主題歌）　西條八十「純情の丘」コロムビア（松竹映画『新女性問答』主題歌）　西條八十「東京ブルース」コロムビア（東宝映画『東京ブルース』主題歌）　矢島寵児「名月赤城山」ポリドール　藤田まさと「大利根月夜」ポリドール

昭和一五年（一九四〇）
西條八十「誰か故郷を想わざる」コロムビア　武内俊子「りんごのひとりごと」キング　佐伯孝夫「燦めく星座」ビクター　佐藤惣之助「東京の花売娘」キング　佐藤惣之助「湖畔の宿」コロムビア　サトウハチロー「目ン無い千鳥」コロムビア（東宝映画、小島政二郎原作『新妻鏡』主題歌）　西條八十「蘇州夜曲」（東宝映画『支那の夜』主題歌）

昭和一六年（一九四一）

サトウハチロー「めんこい仔馬」コロムビア　清水みのる「森の水車」ポリドール　巽聖歌「たきび」NHK子供テキスト　斎藤信夫「里の秋」NHK　武内俊子「船頭さん」キング

昭和一七年（一九四二）

佐伯孝夫「婦系図の歌」（湯島の白梅）ビクター　山野三郎（サトウハチロー）「うれしいひな祭」NHK

昭和一八年（一九四三）

佐伯孝夫「勘太郎月夜唄」ビクター　西條八十「若鷲の歌」日蓄

昭和一九年（一九四四）

藤浦洸「月夜船」国民歌謡のちコロムビア

昭和二〇年（一九四五）

吉田テフ子、サトウハチロー補作「お山の杉の子」日蓄

昭和二一年（一九四六）

サトウハチロー「りんごの歌」コロムビア　西條八十「麗人の歌」コロムビア（女流歌人柳原白蓮をモデルにした東宝映画『麗人』主題歌）　清水みのる「かえり船」テイチク　西條八十「悲しき竹笛」コロムビア　佐々詩生「東京の花売娘」キング

昭和二二年（一九四七）

髙橋掬太郎「啼くな小鳩よ」キング　菊田一夫「とんがり帽子」NHK連続放送劇（昭和二十二年七月五日に放送が開始され、昭和二十五年十二月二十九日まで放送された『鐘の鳴る丘』主題歌）

米山正夫「山小舎の灯」コロムビア　清水みのる「星の流れに」テイチク　東辰三「港の見える丘」ビクター

昭和二三年（一九四八）

野村俊夫「湯の町エレジー」コロムビア　増田幸治「異国の丘」ビクター　石本美由起「憧れのハワイ航路」キング

昭和二四年（一九四九）

西條八十「トンコ節」コロムビア　西條八十「青い山脈」　江間章子「夏の思い出」NHKラジオ歌謡　サトウハチロー「長崎の鐘」コロムビア（永井隆博士の原爆症の病床の記録を映画化した、松竹映画『長崎の鐘』の主題歌で、作曲は古関裕而、歌手は藤山一郎）

ヒット曲を九十八曲を録したが、作曲家としては中山晋平の九曲をはじめ、戦前・戦中・戦後を通して活躍した作曲家が多くのヒット曲を作曲している。古賀政男（18曲）、大村能章（4曲）、古関裕而（4曲）、服部良一（5曲）、万城目正（4曲）、上原げんと（2曲）、がその人である。町田嘉章（2曲）、佐々紅華（2曲）、竹岡信幸（2曲）、と共に、河村光陽の曲（3曲）を歌手河村順子（3曲）が、サトウハチローの「うれしいひな祭」等を、うたっていることも記しておかねばならない。

一曲のみのヒット曲の作曲家に、堀内敬三・松平信博・舟橋栄吉・竹岡信幸・阿部武雄・徳富繁・杵屋正一郎・勝田義勝・山田栄一・内田元・北村輝・佐和輝禧・新城正一・海沼実・信時潔・長津義司・三界稔・瀬戸藤吉・細川武夫・明本京静・鈴木哲夫・早乙女光・能代八郎・菊地博・長津義司・佐々木俊一がいる。

戦後のヒット曲の作曲家は、高木東六（2曲）、米山正夫（2曲）、清水保雄（2曲）をはじめ、仁木他喜雄・渡辺茂・佐々木すぐる・倉若晴生・飯田三郎・利根一郎・東辰三・吉田正・江口夜詩・中田喜直がいる。

歌手として二曲以上のヒット曲をうたっているのは、佐藤千夜子（5曲）、藤本二三吉（2曲）、藤原義江（3曲）、藤山一郎（6曲）、東海林太郎（7曲）、ディック・ミネ（3曲）、渡辺はま子（3曲）、美ち奴（3曲）、塩まさる（2曲）、霧島昇（12曲）、伊藤久男（2曲）、楠木繁夫（2曲）、ミス・コロムビア（4曲）、二葉あき子（4曲）、松原操（2曲）、田端義夫（2曲）、岡晴夫（4曲）、小畑実（2曲）、藤原亮子（2曲）、波平暁男（2曲）らである。

それからヒット曲を一曲うたったのは、二村定一・曽我直子・川崎豊・徳山璉・藤野豊子・四家文子・松平晃・小唄勝太郎・三島一声・高田浩吉・星玲子・新橋喜代三・杉狂児・月村光子・林伊佐緒・新橋みどり・中野忠晴・関種子・上原敏・淡谷のり子・灰田勝彦・高峰三枝子・高峰秀子らである。
安西愛子は戦中でうたったが、そのなかの「お山の杉の子」がヒットした。昭和二十年二月のことである。戦後の歌手としては、近江俊郎（3曲）、奈良光枝（2曲）をはじめ、川田正子・並木路子・菊池章子・平野愛子・竹山逸郎・中村耕造・久保幸江らがヒット曲をうたっている。

（新稿）

（**参考文献**　古茂田信男・島田芳文・矢沢寛・横沢千秋編『新版　日本流行歌史　上』一九九四・九
社会思想社　同『新版　日本流行歌史　中』一九九五・一　同）

根本正義二十歳《はたち》のころ

――インタビュー・二〇〇六年十二月十三日――

武田　裕

☆今回は国語科・国語教育学の根本正義（ねもとまさよし）先生にインタビューを行い、二十歳や大学生のころなどのお話をうかがいました。先生は、私が所属する児童文学ゼミの顧問でもあり、授業で見られるそのチャーミングなお人柄などの原点をぜひ知りたい、と思い、今回のインタビュー相手に選ばせて頂きました。1時間以上、ずっとたくさんの質問にお付き合いいただき、貴重なお話が色々聞けました。聞かせてもらった全てのお話は残念ながら書けませんでしたが、以下のようになりました。

武田　二十歳のころの生活状況は。

根本先生（以下㊒）裕福ではなかったね。うん。だからたくさんアルバイトをしたね。めっき工場、電気会社の手伝いとか、あと、工場でさ、コカコーラってあるじゃない、あの箱がこう、ベルトコンベアーで流れてきて、それにビンつめるのとかね。あ、これは書かなくていいけど、一回ビンを割っちゃってね、すごく怒られた。閉店後にデパート掃除するのもやった。渋谷の東横デパートってあったんだけど、そこで。今もあるんだったけ？まぁいいや。

武田　先生が20歳だったのは、1962（昭和37）年ということですが、どんな年ですか？

㊒（本棚から昭和史の本を取り出して）1962年だろ？昭和37年だよな？えーっと……この本によると、1962年は池田内閣成立、サリドマイド薬害事件などの出来事があった。文化だと、勝新太郎と中村玉緒が結婚、植木等とクレージーキャッツのスーダラ節、映画『日本無責任時代』、マリリンモンローの死など。また、本では司馬遼太郎『竜馬がゆく』、赤塚不二夫『おそ松くん』、少女クラブが休刊され新たに

少女フレンドが創刊される、など。この時はねぇ、コーヒーが60円で……焼きそばが60円。いつも昼に食ってた。

武田（以下☺）実家暮らしだったんですか？

㋧ うん、実家。

☺ 影響を受けた人や本はなんですか？

㋧ 高校のときにね、浜田広介（『泣いた赤おに』などを書いた童話作家）の童話を読んで、童話に興味がわいてね、大学では〝児童文化研究部〟に入ったんだよ。でもさ、ここでは子どもに人形劇を見せる活動をやってて、体力づくりとかやってたんだよ。やめたかったんだけど、なかなかやめさせてもらえなくてさ。で、やっとやめた後は、新聞会に入った。学生新聞を、6～8ページのブランケット判（今の毎日・読売新聞などのような大きさ）でつくってたよ。これは大学卒業までずっと続けた。

☺ どういう新聞をつくってたんですか？

㋧ えーと学内の出来事とか、あとは――政治文化。あと、当時けっこう自治会活動がさかんで、部活の取材とかしたかな。そんな内容。でさ、1～2年が書いた記事なんかは大体ボツになるんだけど、自分の記事が載るとさ、やっぱりうれしかったねぇ。

☺ 影響を受けた本っていうと、じゃあ浜田広介が大きいですか？

㋧ あとはね、そうだな、浅野晃っていう文芸評論家で詩人っていう人がいたんだけど、その人の本は古本屋でさがして読んだ。あとは大久保典《つね》夫《お》。この人はうちの大学の名誉教授で研究や文章の指導をこの人からしてもらいました。

☺ 先生はうちの大学だったんですか？

㋧ いや。立正大学文学部国文学科。五反田の。

☺ そうだったんですか！先生は文芸評論とかがお

好きだったんですか？

(ね) 小説も読んでたょ。

☺ 小説はどんな小説を？

(ね) 夏目漱石。これは全部読んだよ、文庫で。あと柳田国男の『木綿以前の事』だっけ？それもおもしろかった。

☺ さいきん読んだ本では、印象にのこったものとか、ありますか？

(ね) さいきんはマンガばっかだよ。うん。ビッグコミックとあと、ビッグコミックオリジナルとか。『風の大地』っていうゴルフマンガがおもしろかった。えーと、今日も買ったんだけど（かばんから取り出して）乱ｔｗｉｎっていうのか。この雑誌の、仕掛人藤枝梅安のマンガとか、『鬼平犯科帳』。これは池波正太郎の原作をさいとうたかをって人がマンガにしてるんだけど、おもしろいね。

☺ 二十歳のころにもう1度もどれるとしたら、何がしたいですか？

(ね) なりたくないね！

☺ なんでですか？

(ね) だって、今とは明らかに時代の状況が違うじゃない。当時みたいにはできないでしょ。

☺ では、当時そっくりそのまま、二十歳のころにもどれたら？

(ね) それならいいよ。でも、同じようにしてるんじゃない？かわんないと思うよ。

☺ 今、私も20歳で、将来のことを考えるんですけど、先生はそのころ将来どうするかとか考えていましたか？

(ね) 俺はね、国語科の中・高の教師になろうと思った。教採を受けたんだけどだめで、2～3月ごろに紹介で、大東文化大学附属高校の教員になったんだよ。

☺ 2〜3月まで決まらなかったり、教採がだめだったりしたとき、不安にならなかったんですか？

(ね) うーん、まあ「そのうちなんとかなるだろ」ってかんじだったね。

☺ 高校の先生になって……じゃあ、うちの大学にこられたのはいつだったんですか？

(ね) 1980年。26年前ここに来ました。大東文化大の附属高で、英語の先生にさ、「根本さん、研究は続けた方がいいよ」って言われて、研究は続けてたんだよ。(児童文学の)で、その高校には〝教諭〟と別に〝専任講師〟っていうのがあってね、それだと週5日授業をやらなくてよくて、研修日っていうのがもらえるんだ。それで教員やりながら、大学院に通ったし、本も出したし……でもね、校長にある日呼ばれて、教員やめるか〝教諭〟に戻るかどっちかにしろって言われて。焦ったよ、だってさ、もう結婚してて子どもも2人いてさ、生活しなきゃなんないじゃない。それで学芸大に来たのが1980年だったんだよ。

☺ 教諭にもどろうとは思わなかったんですか？

(ね) もどりたくないよ。だって研究ができなくなるじゃない。

☺ 結婚されたのはいつだったんですか？

(ね) 院にいるときね。昭和44……45年？ぐらいかな。何月何日かは忘れた。でも女房はよく「何月何日、なんの日かおぼえてる？」とか聞いてくるんだよ。

☺ もし結婚されてなかったらどうしたと思いますか？

(ね) 同じでしょ！どっちにしろ生活しなきゃなんないんだからさぁ。

☺ では、20歳にもどって、当時でこまってたこと・悩んでたこと・怒ってたことなどはありますか？

(ね) ないねぇ。ない。すごく楽しかった。

☺ じゃあ、今までの人生の中で、困ったこととかは？

(ね) だからそりゃあ教員やめろって言われたときだよ。あれは一番大変だった。

☺ 当時の1日の過ごし方を教えて下さい。

(ね) 五反田にあった〝マルス〟っていう喫茶店、今はないけどね、そこの端に10人席があったんだよ。毎日そこが新聞会のたまり場になっててさ、そこで新聞にのせる広告を取りに行く、つきあいで行ったりしてたね。

☺ 授業とか出られてましたか？

(ね) いや〜出てないね。「授業なんで……」って行こうとすると、新聞会の先輩に、「何の授業？」って言われて「○○です」って言うと、「お前そりゃあ出席も取んないし出なくていいよ！」って言われてさ。まあ月刊で新聞出すなんてのは、6〜8ページでもさ、大変なんだよ。

☺ でも、4年で卒業できたんですよね？

(ね) うん。だから試験前は勉強してたんじゃない？？ただ、英語は単位とるのに3年かかったけど。でも卒論はさ、400枚書いて、1月終わりに提出だったんだけど、俺は早く書き上がっててかばんに入れてたから、周りからうらやましがられてたよ。

☺ 卒論はなにを書いたんですか？

(ね) 「『赤い鳥』編集者としての鈴木三重吉」。（童話と童謡の雑誌『赤い鳥』鈴木三重吉が主宰。1918年創刊、36年廃刊。）『赤い鳥』の復刻版が出る前でさ、国立国会図書館にもない貴重な本だったんだよ。だから、鳥越信の家に行って、全部手書きで写したんだよな。何十冊分も。

☺ 当時の友達関係は、どんな感じでしたか？

ね　やっぱ新聞会か。あとは学科。いまだに会う奴もいるな。

☺　まわりの人も、『先生になりたい』っていう人が多かったんですか?

ね　そうだね。うちはどの学科も、その科目の免許がとれたし。

☺　新聞会の人で、新聞社に入った人はいなかったんですか?

ね　先輩で毎日新聞に入った人はいたな。その人はけっこう昇進してさ、局長とかまでなったかな。あとはＮＨＫ記者になった人もいた。

☺　では、異性関係というか、恋愛とかは……?

ね　いやぁ、ないよ。うん。ただね、大東文化大附属を紹介してくれたのは、同級生の女の子でさ、めったに紹介状を書かない教授だったらしいんだけど、その子の信用がすごくあって書いてもらえたんだよ。でも別に異性関係とかじゃなくて、友達だしねぇ。

☺　最近の20歳を見ていて、思うことなどお聞かせください。

ね　（ちょっと考えてから）考え方は大きく変わったんじゃない。7~8年前ぐらいから、学生がすごくまじめになったよね。まじめすぎてさ、もっと冒険しなさいって思うけどね。

☺　先生の授業で出席を取らないのは、もっと学生が授業ばっかじゃなく、いろいろしなさいってことなんですか?

ね　それは……めんどくさいから。あ、こんなの書かなくていいよ。たまには取るけどね、1、2回。だってさ、これ前にも言ったよね?（ゼミの飲み会で聞いた話）俺さ、いねむりしてる学生に罰レポート書かすでしょ。初等国語科教育法だったら、「初等国語科教育法といねむりの関係」で。それですごく前ならさ、「わかりました」って言って学生がさ、400字ぐらいで自分のいねむりの正当性についてびっしり書いてきたんだよ。今の学生はさ、「なんでそんなもの書かなきゃなんないんだ?」ってすぐ理屈を言い出すじゃない。寝てたのは自分だからしょうがないって感じなのにね。

☺ たしかに……なるほど。

(ね) だいたいさ、教員と学生の関係ってさ、教員は学生にだまされないようにする、で、学生はいかに教員をだますかってことじゃない。学生はそうして単位もらわなきゃしょうがないし。そういう関係に対する認識が、今の学生は……という思いですね。だから……(あらかじめ渡した質問リストを見て)あ、この「20歳に対するメッセージ」っていうのもこういうことね。

☺ 「もっと冒険しなさい」ですか?

(ね) そうそう。

ここで、国語科で助手をしている、絵本作家の本間ちひろさんが研究室へ。

☺ 先生が大学のとき、楽しかった授業とかありますか?

(ね) えーー(しばらく考えて)でもさ、やっぱり教職をとるのに、いっちばんつまらなかったのは教育法だね。俺だってさ、教育法やってるけど……つまんないでしょ?

本間さん(以下(ほ))そんなことないですよ!たのしいですよ。とくに先生の人間性が……ね?

☺ そうですね……!!じゃあ、逆に先生が教えてみたい科目はありますか?

(ね) いやーーもう、今さらねぇ。(先生は今年度いっぱいで定年退職されます)でも、〝保育内容「言葉」〟の授業ではさ、児童文学にふれることができたしね。

☺ では、さいごに、二十歳の誕生日はなにをしていましたか？

(ね) ふつうだよ！誕生日だ何だってさわぐのはさ、今のあなたたちの世代ぐらいでしょ。

☺ うーん、そうかもしれないですね。

(ほ) 私も、この歳になると、誕生日とかどうでもよくなってくるし。

☺ ありがとうございました。

と、一度終わりかけたけれども、本間さんにすすめられ、さらにいくつか質問。

☺ 先生はどうしてパソコンを使われないんですか？

(ね) 練習する時間を考えたらさ、その間に書いたほうがいい。俺なんか1時間で1600字清書しちゃうもん。万年筆で。

☺ インターネットとか、メールとか、使いたくなりませんか？

(ね) ならないね。大体さ、研究にインターネットで情報さがすってのがよくないよ。文献のほうが情報量が多いんだしさ。俺の本を買え。メールだってやっぱりさ、手紙・葉書のほうがいいよ。

(ほ) 初めてネクタイをしたのはいつですか？

(ね) 実習のときと、教員になってからじゃない？

(ほ) 成人式でた？

(ね) いや、行ったかな？忘れた。

☺ 学校まではどんな格好をしていたんですか？

(ね) 学生服と角帽。安いもん。

最後に先生からサインと、一言を頂きました。

これからの教育と研究の道程《みちのり》、

いつまでも青年でありたい。

本当に長い時間、ありがとうございました!!

（編集　2006年12月18日　東京学芸大学初等生活教育法レポート）

立正大学は私にとっての原点

私が国文学科に入学したのは、昭和三十五年の四月である。高校時代に漱石の小説を読破するなかで広介童話に触れたことが児童文化研究部に入会することになる。入学した年の夏休みに伊豆大島巡回合宿があった。有意義な体験だった。賢治童話を絵話に作ったりしたが、人形劇上演のための体力造りの練習の毎日の中で、ちょっと待てよ、俺は子供文化、子供の文学に興味があるのに……。辞めたいと部長に告げたら、今年度いっぱいは待てということで、先輩たちが朝霞市内での巡回を企画してくれた。小学校と溝沼氷川神社等の会場については親父が尽力してくれ、「埼玉タイムス」で報道された。その後は立正大学新聞会に卒業まで所属した。国文学科の詩歌研究会の雑誌「葉脈」、学生の雑誌「創作と研究」への作品の発表と編集等は忘れられない。同級生に歌人として活躍しているアウトサイダーの川端彬文、「覇王樹」を主宰する奥原穀、書家で篆刻家の今祥暁、夭折した水墨画の鈴木宣香（旧姓福岡宣子）等がいる。

新聞会の取材で中央委員会の鏡味國彦氏（英文学科）を知った。これらの人達とは今でも交流がある。新聞会ではいくら書いても私の記事は没になったが、文章を書くことと活字になることの喜びを新聞会で学んだ。厳しい編集長は国文学科の先輩高桑正温氏（現・観静院住職）である。

浅野晃先生の御指導で書きあげた卒業論文『「赤い鳥」編集者としての鈴木三重吉』を鳩の森書房から改題して出版したのが昭和四十八年一月である。その後、浅野晃先生について論じた『昭和児童文学論』や『高等学校国語教育と児童文学』等を出版し、これらが評価され東京学芸大学に助教授として任用されたのが昭和五五年四月である。

さりげない浅野晃先生の講義や、先生の多くの御著書から学んだことが、私の研究の血肉となっている。おいしそうに〈しんせい〉を喫煙する先生もあこがれで真似た。そうして単著二七冊、単編著四冊、共編著七冊等を出版した。

人との出会いは大切だなとつくづく思う。高校時代の恩師である文芸評論家の大久保典夫先生には現在もご指導を受けているが、浅野晃先生のお考えと同じだということを拙論をまとめる度に再確認している。大久保先生は国文学科に非常勤講師で出勤されていたこともあるので、受講された卒業生もいる筈だ。

二〇一一年（平成二十三年）に鼎書房から『浅野晃詩文書』が刊行された。これを読んで私にとっての原点はやはり立正大学にあるのだということを再認識した。浅野晃先生は終戦直後に日蓮聖人と出会い、その後立正大学の専任になったこともやはり聖人との御縁だと先生はお書きになっている。私は東京学芸大学を定年退職して七年、二〇一四年で七二歳になる。このすさんだ世の中を正すために、教育の問題と児童文学研究を浅野晃先生のお考えを踏まえて続けたいと思う。まずは一九四〇年代の子供文化の位相の解明が大きな研究課題である。立正大学の更なる発展を期待して筆を擱く。

懐かしき三原山麓豊島園

ありやなしやと思いめぐらす 復興を願って

（『立正大学九〇周年記念誌　立正大学文学部九〇年の歩み　軌跡と躍進』二〇一五年三月　立正大学文学部発行「第五章　文学科（日文）のいまと歴史　活躍する同窓生」）

浅野晃先生のこと

――浅野晃先生を偲ぶ集いの出席者のために――

私の恩師は浅野晃先生と大久保典夫先生である。大久保先生は高校時代の恩師で、東京学芸大学では同僚であった。現在もご指導のもと研究を続けている。両先生共の歴史観が全く同じだということから、私なりの研究は持続している。持続させているということが、浅野先生に恩返しができていると思っている。

ただ、〈浅野晃先生のお話を聞く会〉の第三十八回で、先生は小波の『世界お伽話』にふれた上で、「これを取り上げれば、根本君は学位が取れるからやれと言っているのに、「やります、やります。」と言いながら未だにやらない。誰もやっていない。」とおっしゃられた。このことに未だに答えられていない。児童文学研究から国語教育研究に、研究の方向を転換したことが大きな理由だ。浅野晃先生については、二本論文を書いている。

浅野先生について書いた論文は、一九六五年に「昭和十年代の児童文学と浅野晃」(『東洋研究』第十号)と、大東文化大学日本文学科の紀要に「浅野晃の児童文学観」(『日本文学研究』第五号)を書いたのみだった。書誌としては「浅野晃先生著作目録」(『立正大学国語国文』第十二号)を一九七六年に作成した。これは未完成のままになっている。しかし、浅野晃先生については論じなければならないという思いは、ずっと持ち続けた。

それから三十一年が過ぎた頃、三一書房の少年小説大系の編集にかかわることになった。その大系の第十巻『戦時下少年小説集』が、私の責任編集で刊行されることになった。一九九〇年のことである。この巻に「【解説】戦時下の少年小説―国策文学としての、その光と影―」を執筆した。ようやく解説で浅野晃先生について書くことができた。しかし、残念な事にこの年に先生は御逝去されてしまわれた。

論じなければという思いを持ち続けた結果なのだが、まだまだ浅野晃研究の課題は山積みされている。それでも研究を持続させていくなかで、国語教育研究三部作『国語教育の遺産と児童文学』(高文堂出版社)、『国語教育の理論と課題』(高文堂出版社)、『国語教育の創造と読書』(日本書籍)をまとめられたことは、浅野晃先生に恩返しができているという自負がある。

その浅野晃先生についてだが、学生時代に受講した講義は楽しく、興味の持てるものだった。柳田国男の『木綿以前のこと』もテキストだったことは、今でも鮮明に覚えている。卒業してからなるほどと再認識。

学生時代の浅野先生の講義内容が、今の私の血肉となっているのは確かなことだ。浅野晃先生に傾倒していくきっかけは、講義以外にもある。学生時代私は立正大学新聞会に所属していた。『立正大学新聞』で懸賞小説を募集することになり、浅野先生が選者となられた。選者である浅野先生に選評の原稿をもらいに行ったり、学生の雑誌『葉脈』等でのご指導を受けたことにも起因する。

これも傾倒といえるかもしれない。それは煙草を吸い始めて、いつのまにか〈しんせい〉を吸うようになったということだ。浅野先生が〈しんせい〉を吸っていたから、同じ銘柄になったのである。先生は愛煙家であった。その姿は今も眼に焼き付いている。

先述した第三十八回〈浅野晃先生のお話を聞く会〉では、先生の少年時代にかかわって、明治時代の児童文学についてお話しされた。その冒頭で「浪曼派変転」を『世界日報』に連載されていることにふれられた。

この『世界日報』には浅野先生の連載の始まる直前から、大久保典夫先生等と共に書評委員としてかかわった。だから「浪曼派変転」は第一回から最終回までスクラップしていた。この貴重な論考を、高文堂出版社から刊行することができた。

私は先生の立正大学在職中の一九七五年の初冬、浅野先生に色紙を書いて戴く光栄に浴した。その色紙には、

龍膽の
青を見空の
青を見る

という先生の句が認めてあった。その五年後、東京学芸大学に助教授として勤務することになった。それなりに私の仕事を評価していてくれたことが嬉しい。

一九八九年だったと思うが、上海大学文学院から講演の依頼があった。その時、ふと思ったのは浅野先生にお会いしておこうということだった。お宅を訪ねていろいろと話をした。その時に福永

眞由美さんの『真夜中のどらねこドラゴン』を頂戴した。先生はこの作品は賢治と比肩する作品だよと仰った。私はこの作品について、「思いやりを育てることから――福永眞由美著『真夜中のどらねこドラゴン』をめぐって」と題して『児童文芸』で論じた。

福永さんは浅野晃先生の信奉者である。信奉者で特記すべきは石井耀心氏である。石井氏は先生の著作の初版・カバー・帯まで記録した、まさしく完璧な著作目録を作成している。また、鼎書房から『浅野晃詩文集』を出版した中村一仁氏のいることを知ったのは驚きだった。

ともあれ、上海大学から帰って浅野先生を渋谷のお宅に訪ねた。お元気だった先生が入院中ということだった。本当に突然のことでびっくりして、お見舞いに行った。酸素吸入中の先生に報告した。

中国から無事帰ってきたことの報告だが、返事は無いだろうと思いながら……。が浅野先生の右手が、ベッドから静かに上った。私は思わず握った。握ってしまったのだ。その瞬間、先生の全身がベッドで波打った。驚愕してすぐに、大丈夫ですかと声をかけた。すると先生のいつもの調子の「大丈夫よ」という声が返ってきた。

帰りながら『立正大学新聞』にお書きになった、南喜一についての文章を思い出し、強靭な精神をお持ちの先生なのだなと、しみじみと思った。

上海大学の講演前の浅野晃先生宅の訪問は、何か不思議な因縁があったのだろう。先生は一九九

○年一月二十九日、黄泉路へ旅立たれた。八十八歳であった。浅野先生の葬儀の導師は、岡部光恵先生と高桑正温先輩であった。私の同級生も大勢参列した。合掌。
（浅野晃先生を偲ぶ集い　配布資料　平成二十七年五月三十一日　於・シーサイドホテル　芝弥生）

根本正義　年譜と著作目録

Ⅰ　年譜（二〇一三年現在）

昭和一七年二月一日
東京市荒川区町屋に生まれる。戦時下、茨城県多賀郡鮎川村大字成沢の地に疎開。昭和二〇年冬、埼玉県北足立郡朝霞町大字膝折に移住

昭和二三年四月
埼玉県北足立郡朝霞町立朝霞第一小学校入学

昭和二九年三月
同校卒業　同年四月　朝霞町立朝霞中学校入学

昭和三二年三月　同校卒業

昭和三二年四月
豊南高等学校入学

夏目漱石の小説を読破していくなかで、広介童話に出会い魅力を感じて児童文学のサークル活動「浜田広介の童話を読む会」に熱をあげる。

昭和三五年三月
私立豊南高等学校卒業　在学中に大久保典夫先生と出会い、爾来師事し今日に至る

昭和三五年四月
立正大学文学部国文学科入学　立正大学児童文化研究会に所属し、埼玉県朝霞町（「埼玉タイムス」紙で報道される）と伊豆大島で人形劇の巡回公演をするが退部。のち、立正大学新聞会に卒業まで所属し、文章を書く楽しさを学ぶ。同時に『創作と研究』および『葉脈』に創作等を発表。研究の面では浅野晃先生に師事

昭和三九年三月

立正大学文学部国文学科卒業　卒業論文『「赤い鳥」編集者としての鈴木三重吉』

昭和三九年四月〜昭和四七年三月
大東文化大学第一高等学校教諭　教え子に野鳥研究家の松田道生氏がいる。在職中に埼玉県青少年相談員（第一期）の任にあたる

昭和四〇年四月〜平成二一年三月
日本児童文学学会会員　日本児童文学者協会会員

昭和四四年四月
立正大学大学院文学研究科（国文学専攻）修士課程入学　一二月七日、霜下桂子と結婚

昭和四五年一一月二九日　長男史紀誕生

昭和四六年三月
立正大学大学院文学研究科（国文学専攻）修士課程修了　修士論文『「桑の実」研究』

昭和四七年四月〜昭和五五年三月
大東文化大学第一高等学校専任講師

昭和四七年四月〜昭和五一年三月
東京教育専修学校非常勤講師

昭和四八年四月二四日　長女倫子誕生

昭和四九年七月一一日
ＮＨＫ教育ＴＶ（一六・〇五〜一六・三〇）「教師の時間　実践の記録　赤い鳥」に話し手として出演。きき手は寺崎昌男氏

昭和五〇年四月〜昭和五二年三月
立正大学保育専門学校非常勤講師

昭和五〇年四月〜昭和五四年三月
大東文化大学文学部日本文学科非常勤講師

昭和五一年一二月八日
講演「子どもの本のえらび方・与え方」（第九回すけ川家庭教育学級・文部省指定学

級）於・茨城県日立市多賀公民館
昭和五二年七月二五日～二六日
講演「母親と読書運動」（京都子どもの本の学校海べの教室）於・京都府浜詰海の家
昭和五三年四月～昭和五五年三月
東京学芸大学教育学部非常勤講師
昭和五四年四月～平成七年三月
日本児童文学学会常任理事
昭和五四年一一月六日
講演「文化のなかの子どもたち」（児童文化講座――子どもたちの世界）於・埼玉県戸田市中央公民館東部分館
昭和五五年四月～平成一四年三月
日本読書学会会員
昭和五五年四月
東京学芸大学教育学部助教授に採用すると文部大臣谷垣専一より任命を受ける
昭和五五年四月～平成二七年三月
全国大学国語教育学会会員
昭和五五年一〇月～昭和五八年三月
埼玉大学教育学部併任講師
昭和五五年一一月一四日
講演「宮沢賢治と新美南吉」（第二回児童文化講座）於・埼玉県朝霞市立図書館
昭和五六年三月三日
講演「子どもをとりまく文化と環境」（幼児学級）於・埼玉県小川町公民館
昭和五六年四月
東京学芸大学大学院教育学研究科担当
昭和五六年六月
大久保典夫先生等と共に文学と教育の会を設立し、機関誌『文学と教育』を創刊
昭和五六年七月四日
講演「国語教育と児童文学」（東京学芸大

学国語国文学会） 於・東京学芸大学
昭和五六年七月六日
講演「宮沢賢治と新美南吉」（講座子どもの本の世界） 於・埼玉県和光市公民館
昭和五六年七月三一日
講演「文学教材とその扱い――詩・児童文学」（東京学芸大学国語科教育公開講座）
於・東京学芸大学
昭和五六年一〇月七日
講演「子どもの文化の歴史」（市民講座「子どもと文化」） 於・東京都小平市立小川公民館
一〇月一四日
講演「子どもをとりまく現状と課題」（同右）
於・同右
一〇月二一日
講演「幼児教育と人形劇」（同右） 於・同右
一〇月二四日
講演「乳幼児をめぐる社会環境」（ヤング・ペアレント・スクール――明日の親のための教室） 於・埼玉県川口市立青木公民館
昭和五六年四月～平成一九年三月
日本国語教育学会会員
昭和五七年五月一九日
講演「読書指導のあり方とその変遷」（世小研 学校図書館研究部） 於・東京都世田谷区立松沢小学校
昭和五七年七月
第十二回赤い鳥文学賞特別賞を、編集にかかわった校定新美南吉全集編集委員会編『校定新美南吉全集（全十二巻）』大日本図書株式会社刊で受賞
昭和五七年一一月

第五回日本児童文学学会賞を、同右全集で受賞。編集委員は、大石源三・斎藤寿始子・清水たみ子・続橋達雄・鳥越信・根本正義・向川幹雄・与田準一。

昭和五七年四月〜昭和五九年三月
東京学芸大学教務委員会委員

昭和五九年四月〜昭和六一年三月
東京学芸大学人事委員会委員

昭和五九年四月〜平成六一年三月
東京学芸大学指定教員養成機関（国学院大学幼児教育専門学校）指導連絡教官及び国学院大学幼児教育専門学校非常勤講師

昭和六〇年四月〜平成四年三月
実践女子短期大学国文学科非常勤講師

昭和六一年〜現在
日本文芸家協会会員

昭和六一年四月〜昭和六三年三月
昭和文学会幹事

昭和六一年四月〜昭和六三年三月
東京学芸大学研究委員会副委員長及び東京学芸大学代議員

昭和六二年一〇月
第二十六回日本児童文学学会研究大会（東京学芸大学）実行委員長

昭和六三年四月〜九月
東京学芸大学学生部学生委員会委員長代行

昭和六三年四月〜昭和六四年三月
秋田大学教育学部併任講師（集中講義）

昭和六三年一〇月〜昭和六四年三月
東京学芸大学学生部学生委員会委員長

平成元年四月〜平成一九年三月
日中児童文学美術交流センター会員

平成元年四月〜平成一七年三月
日本書籍『小学国語』編集委員

平成元年四月〜平成二年三月
東京学芸大学就職委員会委員長代行
平成二年四月〜平成三年三月
東京学芸大学就職委員会委員長
平成二年四月
日本書籍　高等学校『国語Ⅰ』『国語Ⅱ』『現代文』編集委員
平成二年四月〜平成八年三月
日本児童文学学会理事・常任理事
平成三年四月
東京学芸大学教育学部教授に昇任させると文部大臣井上裕より任命を受ける
東京学芸大学大学院国語科教育講座㊅教授
平成三年四月〜平成一七年三月
実践女子大学文学部非常勤講師
平成三年四月〜平成四年三月
東京学芸大学入学試験検討委員会委員
平成四年四月〜平成一一年三月
東京学芸大学国語科教育研究室主任
平成五年四月〜平成一〇年三月
東京学芸大学大学院教育学研究科国語科教育講座主任
平成五年四月〜平成一四年六月
文学と教育の会代表
平成五年四月〜平成六年三月
東京学芸大学言語文学第一学科作問委員会委員長
平成五年四月〜平成七年三月
東京学芸大学教育実地研究委員会委員
平成五年四月〜平成六年三月
東京学芸大学拡大入学試験管理委員会委員
平成五年四月〜平成一〇年三月
東京学芸大学大学院教育学研究科委員会委員

平成五年四月～平成六年三月
東京学芸大学言語文学第一学科副主任
平成六年四月～平成七年三月
東京学芸大学言語文学第一学科主任
平成七年一月二八日
講演「新美南吉と国語教育」（新美南吉顕彰会・半田市教育委員会主催　新美南吉顕彰講演会）於・愛知県半田市福祉文化会館
雁宿ホール講堂
平成七年五月～平成一四年三月
国立の国際子ども図書館設立を推進する全国連絡会会員
平成七年四月～平成九年三月
東京学芸大学国語教育学会会長
平成七年一一月一六日
講演「子どもの本の世界　新美南吉の文学」（教職教養講座）於・長野県教育センター

平成八年四月～平成一二年三月
日本児童文学学会評議員
平成八年四月～平成一一年三月
日中児童文学美術交流センター理事
平成八年四月～平成一〇年三月
東京学芸大学大学院教育学研究科運営委員会委員
平成八年四月～平成一〇年三月
東京学芸大学教育実地研究委員会委員
平成八年四月
東京学芸大学大学院連合学校教育学研究科（博士課程）大学院設置審議会審査による㊎教授
平成八年五月
東京学芸大学大学院連合学校教育学研究科担当
平成八年八月～平成一二年七月

日本国語教育学会理事

平成八年九月
東京学芸大学大学院総合教育開発専攻　大学設置・学校法人審議会大学設置分科会の審査によるM㊎教授

平成八年一〇月一八日
講演「子供と絵本」（公民館講座　エンゼル学級）於・埼玉県新座市立中央公民館

平成九年一月〜平成一〇年三月
東京学芸大学大学院教育学研究科運営小委員会委員

平成九年三月八日
講演「小出正吾の童話」（小出正吾文学碑保存会主催　小出正吾生誕一〇〇年記念講演）於・静岡県三島市伊伝ビル五階会議室

平成九年四月
東京学芸大学大学院総合教育開発専攻担当

平成九年四月〜平成一〇年三月
東京学芸大学言語文学第一学科作問委員会委員長

平成九年四月〜現在
東京学芸大学国語教育学会顧問

平成九年四月〜平成一〇年三月
東京学芸大学拡大入学試験管理委員会委員

平成九年五月〜平成一七年三月
東京学芸大学附属教育実践総合センター（教育臨床開発指導部門）兼任教官

平成九年四月〜平成一四年三月
全国商工会議所婦人会連合会主催「小学生（環境・ゴミ問題）作文・絵画コンクール」審査委員

平成九年九月一四日
講演「いま少年詩を考える会」（第四回詩とつばさの会　詩と朗読）於・東京都豊島

区立巣鴨社会教育会館

平成一〇年四月～平成一五年三月
群馬大学教育学部併任講師（集中講義）

平成一〇年四月～平成一四年三月
東京学芸大学大学院教育学研究科国語科教育分野主任

平成一〇年四月～平成一一年三月
東京学芸大学大学院連合学校教育学研究科
東京学芸大学部会副部会長

平成一一年四月
東京学芸大学教育学部附属大泉小学校長に併任する。併任の任期は平成一三年三月三一日までとすると、文部大臣有馬朗人より任命を受ける

平成一一年四月～平成一九年三月
東京学芸大学大学院連合学校教育学研究科運営委員会（東京学芸大学）委員

平成一一年四月～平成一二年三月
東京学芸大学教育実地研究委員会委員

平成一一年四月～平成一五年三月
東京学芸大学海外子女教育センター運営委員会委員
東京学芸大学附属学校運営委員会委員
東京学芸大学附属学校相互間人事交流委員会委員

平成一一年四月～平成一三年三月
東京学芸大学教員養成学部フレンドシップ事業企画運営協議会委員

平成一一年四月～平成一九年三月
東京学芸大学大学院連合学校教育学研究科運営委員

平成一三年四月
東京学芸大学教育学部附属大泉小学校長に併任する。併任の期間は平成一五年三月三

一日までとすると、文部科学大臣町村信孝より任命を受ける
平成一四年四月～平成二二年三月
国際子ども図書館を考える全国連絡会会員
平成一四年六月
学術刊行物『文学と教育』文学と教育の会（代表・根本正義）創刊以来年二回の発行を着実に果たして、第四十三集で終刊
平成一五年四月～平成一七年三月
東京学芸大学介護等体験専門委員会委員
平成一五年五月～現在
大久保典夫先生が主宰する現代文学史研究所幹事
平成一六年六月二七日　七月四日　七月一一日
講演「童謡でさぐる季節」（小金井市社会福祉協議会主催　平成一六年度高齢者いきいき活動講座）於・東京都小金井市福祉会館
平成一六年一一月一二日
講演「少年詩と少女詩の過去と未来」（小金井市社会福祉協議会主催　高齢者いきいき講座「ありがとう公会堂」於・東京都小金井市公会堂
平成一六年一一月
第四十三回日本児童文学学会研究大会（東京学芸大学）実行委員長
平成一七年四月～平成一九年三月
東京学芸大学有害廃棄物処理対策委員会委員
平成一七年四月三〇日　五月八日　五月一五日
講演「童謡でさぐる季節」（小金井市社会福祉協議会主催　平成一七年度高齢者いきいき講座）於・東京都小金井市社会福祉会館

平成一七年八月四日
講演「『赤い鳥』の創刊と鈴木三重吉」（指定管理者　西武グループ環境パートナーズ主催　第二回赤い鳥に親しむ会）於・東京都豊島区立目白庭園　赤鳥庵
平成一七年一〇月六日
講演「『赤い鳥』の作文と子供」（指定管理者　西武グループ環境パートナーズ主催　第三回赤い鳥に親しむ会）於・東京都豊島区立目白庭園　赤鳥庵
平成一七年一〇月二九日
講演「漫画をめぐる教育状況について」（私立豊南高等学校ＰＴＡ主催　教育講演会）於・豊南高等学校
平成一八年二月二日
講演「新美南吉の童話『ごんぎつね』」（指定管理者　西武グループ環境パートナーズ主催　第五回赤い鳥に親しむ会）於・東京都豊島区立目白庭園　赤鳥庵
平成一八年一二月
根本正義教授退職記念出版編集委員会　代表米谷茂則編『研究とエッセー　文学と教育の周縁』（高文堂出版社）刊行される
平成一九年二月
最終講義「私の国語教育研究の軌跡――東京学芸大学での27年間をふりかえる――」
平成一九年三月
東京学芸大学定年退職　在職中、児童文学研究ゼミで約百六十名強の学生を指導し、機関誌『野の馬』を第十九号（復刊・終刊号）までゼミ学生が発行する
平成一九年四月
東京学芸大学名誉教授
平成一九年五月二六日

講演「小出正吾と国語教育――『のろまなローラー』と『きっちょむさん』について」（小出正吾児童文学顕彰会主催　小出正吾生誕一一〇年記念講演）於・静岡県　みしまプラザホテル

平成一九年九月～平成二四年三月
聖学院大学非常勤講師

平成二〇年四月～平成二七年三月
目白大学非常勤講師

平成二〇年一一月～現在
鈴木宣香氏の勧めで水墨画を習う。平成二一年二月一日、鈴木宣香氏死去のため、小島春香氏の指導を受けるが、平成二一年一月二〇日、朝霞水墨画愛好会に入会して埼玉県朝霞中学校の恩師野口泰洋氏（日本水墨画協会常務理事）に師事。
毎年、朝霞市芸術文化展・青樹会水墨画展（平成二八年以降中止）・朝霞市中央公民館サマーフェスティバル・朝霞市文化祭・朝霞市水墨画展に作品を出品。平成二四年から日本水墨画協会主催の日本水墨画展に出品。

平成二五年一一月九日
講演「国語教育と娯楽としての文化」（中京大学文学会秋季大会）於・中京大学名古屋キャンパス

（新稿）

Ⅱ　著作目録（二〇一五年現在）

1　著作

（1）単著

『高等学校国語教育と児童文学』　私家版　昭和39年11月
『鈴木三重吉論――三重吉の綴方理論をめぐって』　私家版　昭和40年12月
『鈴木三重吉研究』　私家版　昭和43年3月
『「赤い鳥」盛衰史』　高文堂出版社　昭和44年9月
『続鈴木三重吉研究』　私家版　昭和45年12月
『小説に描かれた子ども』　私家版　昭和46年11月
『国定国語教科書と民話の研究――特に「桃太郎」を中心とした考察――』　私家版　昭和47年12月
『鈴木三重吉と「赤い鳥」』　鳩の森書房　昭和48年1月
『幼児教育のための児童文学――子ども文化と絵本・幼年童話――』　高文堂出版社　昭和49年10月（増補版　昭和50年8月・増補改訂版　昭和57年4月）
『昭和児童文学論』　高文堂出版社　昭和50年8月
『子どもの本の世界』（高文堂新書　8）　高文堂出版社　昭和51年6月
『昭和児童文学案内』（高文堂新書　9）　高文堂出版社　昭和51年8月
『高等学校国語教育と児童文学』（高文堂新書　17）　高文堂出版社　昭和52年9月
『小出正吾研究』　私家版　昭和52年10月
『鈴木三重吉の研究』　明治書院　昭和53年11月
『檀一雄研究』　私家版　昭和55年2月
『昭和児童文学の研究』高文堂出版社　昭和59年4月
『国語教育の遺産と児童文学』

『新美南吉と児童文学』高文堂出版社　昭和59年5月
『国語教育の理論と課題』高文堂出版社　昭和62年1月
高文堂出版社　昭和62年9月
『読書教育と児童文学』　双文社出版　平成2年9月
『国語教育の創造と読書』　日本書籍　平成3年2月
『児童文学のある教室』高文堂出版社　平成4年9月
『子どもと教育とことば』
高文堂出版社　平成6年3月
『児童文学批評と国語教育――昭和20年代の文献と解題――』　高文堂出版社　平成6年10月
『子ども文化と教育のひずみ』（現代ひずみ叢書8）　高文堂出版社　平成8年11月
『マンガと読書のひずみ』（現代ひずみ叢書　12）
高文堂出版社　平成10年9月
『国語教育と戦後民主主義のひずみ』（現代ひずみ叢書　18）　高文堂出版社　平成11年11月

『句歌　転逢』　私家版　平成13年6月
『詩と童謡の校長歳時記Ⅰ　小学校の教育を開く言葉』　らくだ出版　平成13年6月
『詩と童謡の校長歳時記Ⅱ　子どもに〈根っこ〉と〈翼〉を与える言葉』　らくだ出版　平成14年9月
『詩と童謡の校長歳時記Ⅲ　生活実感から感性を育てる言葉』　らくだ出版　平成15年7月
『詩と童謡の校長歳時記Ⅳ　心を耕す生活にねざした言葉』　らくだ出版　平成15年7月
『校長徒然譚《つれづればなし》』　書肆楽々　平成16年3月
『根本正義教育随想　いつくしむこころ』
書肆楽々　平成16年3月
『子ども文化にみる綴方と作文――昭和をふりかえるもうひとつの歴史』
KTC中央出版　平成16年5月
『占領下の文壇作家と児童文学』
高文堂出版社　平成17年11月

『国語教育とマンガ文化——二十一世紀の課題と提言』　ゆいぽおと　平成22年9月

（2）編著（単編）

『少年小説大系　第10巻　戦時下少年小説集』　三一書房　平成2年3月
『教室の中の古典と近代文学』　KTC中央出版　平成4年10月
『国語教育基本文献』　高文堂出版社　平成5年11月
『占領下の文壇作家と児童文学　索引』　高文堂出版社　平成17年12月

（3）共著

『日本の児童文学作家1　講座日本児童文学⑥』続橋達雄・猪熊葉子・根本正義・西田良子・斎藤寿始子共著　明治書院　昭和48年9月
『幼児文化』根本正義・家田隆元共著　高文堂出版社　昭和61年3月

（4）共編著

『日本児童文学大系　第27巻　塚原健二郎・小出正吾・佐藤義美・与田準一集』　山蔦恒・根本正義・関口安義・吉田定一・稗田宰子共編　ほるぷ出版　昭和53年11月
『東京学芸大学公開講座Ⅰ　国語科の教材研究』井上尚美・田近洵一・根本正義共編　教育出版　昭和57年8月
『東京学芸大学公開講座Ⅱ　国語科の授業研究』井上尚美・田近洵一・根本正義共編　教育出版　昭和58年8月
『東京学芸大学公開講座Ⅲ　国語科の評価研究』井上

尚美・田近洵一・根本正義共編
教育出版　昭和59年4月

『文学教育基本用語辞典』大久保典夫・根本正義・鈴木敬司共編
明治図書　昭和61年4月

『少年小説大系　第16巻　佐藤紅緑集』紀田順一郎・根本正義共編
三一書房　平成4年12月

『少年小説大系　第27巻　少年短編小説・少年詩集』二上洋一・根本正義共編
三一書房　平成8年9月

（5）編集

『校定新美南吉全集』全十二巻
編集委員　大石源三・斎藤寿始子・清水たみ子・続橋達雄・鳥越信・根本正義・向川幹雄・与田準一
大日本図書　昭和55年6月〜昭和56年5月

『校定新美南吉全集　別巻Ⅰ　別巻Ⅱ』
編集委員　大石源三・斎藤寿始子・清水たみ子・続橋達雄・鳥越信・根本正義・向川幹雄・与田準一
大日本図書　昭和58年9月

『新美南吉童話集』全三巻
編集委員　大石源三・斎藤寿始子・清水たみ子・続橋達雄・鳥越信・根本正義・向川幹雄
大日本図書　昭和57年3月

（6）監修

『子ども文化と国語教室——新しい国語教室の創造と探求——』
三省堂　平成9年8月

（7）教科書

『資料中心国語科教育法』谷光忠彦・山本昌一・根本正義共編
高文堂出版社　平成2年4月（増補版　平成11年10月）
『増補資料中心国語科教育法　高文堂出版社版別冊』
赤い鳥文庫　平成21年6月

（8）　著書未収録の論文

大衆児童文学の昭和史序説——『改造』の少年小説・少女小説批判——
（「文学と教育」第37集　文学と教育の会　平成11年6月）
現代児童文学史＝一九三〇年代(1)——少年小説・少女小説の進路——
（「現代文学史研究」第1集　現代文学史研究所　平成15年12月）
現代児童文学史＝一九三〇年代(2)——紅緑の誕生から『あゝ玉杯に花うけて』まで——
（「現代文学史研究」第2集　現代文学史研究所　平成16年6月）
現代児童文学史＝一九三〇年代(3)——『少年倶楽部』『少女倶楽部』の紅緑の作品——
（「現代文学史研究」第3集　現代文学史研究所　平成16年12月）
現代児童文学史＝一九三〇年代(4)——紅緑の『あの山越えて』と『あゝ玉杯に花うけて』の少年少女観——
（「現代文学史研究」第4集　現代文学史研究所　平成17年6月）
現代児童文学史＝一九三〇年代(5)——プロレタリア児童文学運動と紅緑のその後——
（「現代文学史研究」第5集　現代文学史研究所　平成17年12月）

現代児童文学史＝一九三〇年代(6)――吉川英治『神州天馬俠』をめぐって――
（「現代文学史研究」第6集　現代文学史研究所　平成18年6月）

現代児童文学史＝一九三〇年代(7)――描写の特色と物語世界、子ども観――
（「現代文学史研究」第7集　現代文学史研究所　平成18年12月）

現代児童文学史＝一九三〇年代(8)――少女小説批判再び、雑誌『むらさき』のこと――
（「現代文学史研究」第8集　現代文学史研究所　平成19年6月）

現代児童文学史＝一九三〇年代(9)――宝塚と春陽堂少年文庫の『少年倶楽部』との拮抗――
（「現代文学史研究」第9集　現代文学史研究所　平成19年12月）

山本有三と児童文学――その一九三〇年代の位相―
（「国文学　解釈と鑑賞」6月号　第73巻第6号　至文堂　平成20年6月）

現代児童文学史＝一九三〇年代（了）――「児童読物改善ニ関スル指示要綱」のこと――
（「現代文学史研究」第11集　現代文学史研究所　平成20年12月）

『少国民版ソロモン海戦』論――丹羽文雄の従軍体験と児童文学――
（「現代文学史研究」第12集　現代文学史研究所　平成21年6月）

棟田博の戦争児童文学――『ジャングルの鈴』をめぐって――
（「現代文学史研究」第13集　現代文学史研究所　平成21年12月）

棟田博『子供にきかせる戦場の話』論――兵隊たちの生き方を探る――
（「現代文学史研究」第15集　現代文学史研究所

平成22年12月）

長谷健著『開拓村の子供』論――教育文学から満州事変の開拓文学へ――

（「現代文学史研究」第18集　現代文学史研究所　平成25年6月）

一九四〇年代の子ども文化――西田稔著『山と兵隊』をめぐって――

（「現代文学史研究」第19集　現代文学史研究所　平成25年12月）

大林清「マライの虎」論――谷豊とイギリス軍の降伏のこと――

（「現代文学史研究」第20集　現代文学史研究所　平成26年6月）

氏原大作『いくさ土産』論――日本人の心を描いた戦場の逸話――

（「現代文学史研究」第21集　現代文学史研究所　平成26年12月）

（9）解説

解説・戦時下の少年小説――国策文学としてのその光と影――

（『少年小説大系　第10巻　戦時下少年小説集』三一書房　平成2年3月）

解説　教育の正常化への問題提起――教師のあり方の再考、学ぶべきこと多大――

（さねとうあきら　鈴木清隆著『対話――児童文学と国語教育をめぐって』揺籃社　二〇一五（平成27）年5月）

（10）項目執筆

『現代作家辞典』　東京堂出版　昭和48年8月

『現代児童文学作家案内』すばる書房　昭和50年9月

『日本近代文学大事典』（全六巻）　講談社　昭和52年11月

『新版　現代作家辞典』　東京堂出版　昭和57年7月

『現代文学研究事典』　東京堂出版　昭和58年7月

『日本児童文学名著事典』　偕成社　昭和58年11月

『国語教育指導用語辞典』　教育出版　昭和59年10月

『文学教育基本用語辞典』　明治図書　昭和61年4月

『現代日本児童文学作家事典』　教育出版センター新社　昭和62年12月

『児童文学事典』　東京書籍　昭和63年4月

『現代女性文学辞典』　東京堂出版　平成2年10月

『日本児童文学大事典』（全3巻）　大日本図書　平成5年10月

『日本現代文学大事典』　明治書院　平成6年5月

『音声言語指導大事典』　明治図書　平成10年4月

『国語教育辞典』　朝倉書店　平成13年8月

『日本音楽教育事典』　音楽之友社　平成16年3月

『宮沢賢治大事典』　勉誠出版　平成19年5月（新稿）

元号	西暦	事　　項
明治元	(1868)	明治維新によって近代国家への道を歩み始める 江戸を東京と改め明治と改元
4	(1871)	文部省設置
5	(1872)	8月、「学制」発布。小学校の教科14教科目中7教科が国語。9月、文部省、「小学教則」「中学教則略」を公布。東京に師範学校設置。編輯局を置き、教科書の編集・出版をおこなう。
6	(1873)	師範学校「小学教則」を発表。
11	(1878)	千葉県師範学校で発音式かなづかいを教授。この年、ジュール・ヴェルヌの『八十日間世界一周』が刊行される。
12	(1879)	9月、「教育令」を公布。「学制」廃止。
13	(1880)	12月、「教育令」を改正。この年文部省地方学務局に、教科書の調査機関である取調掛を置き、法令違反の教科書の発行停止の措置をとる。 この年、ジュール・ヴェルヌの『月世界旅行』が刊行される。
14	(1881)	5月、「小学校教則綱領」、7月「中学校教則大綱」を公布。
16	(1883)	文部省「送仮名法」を公布。
18	(1885)	森有礼が文部大臣となり、教育改革を図ったが、帝国憲法発布の当日に暗殺される。(1889年)
19	(1886)	4月、「小学校令」「中学校令」「師範学校令」を公布。 市制・町村制に即して小学校制度を規定。小学校の教科書は検定教科書を用いることと定める。

元号　西暦	事　　　項
	5月、「小学校ノ学科及其程度」を制定、「国語」は「読書」「作文」「習字」となる。 6月、「尋常中学校ノ学科及其程度」を制定、「国語」は「国語及漢文」(漢字交り文及漢文ノ講読・書取・作文)と「習字」となる。9月、『読書入門』を刊行。
明治20 (1887)	3月、教科用図書検定規則を制定。5月、文部省、『尋常小学校読本』(7冊)を刊行。
21 (1888)	5月、文部省、『高等小学校読本』(8冊)を刊行。
22 (1889)	2月、大日本帝国憲法発布。
23 (1890)	10月、「小学校令」を改正し、「教育勅語」を発布。 この年、若松賤子は「女学雑誌」にバーネットの「小公子」の翻訳の連載を始める。
24 (1891)	11月、「小学校教則大綱」を公布。 この年、少年文学32編が刊行される。
27 (1894)	3月、「尋常中学校ノ学科及其程度」を改正、「漢文」の「書取・作文」を削除。
28 (1895)	「高等女学校規程」を制定。
30 (1897)	10月、「師範教育令」を公布。
32 (1899)	2月、「中学校令」を改正、尋常中学校を中学校と改称、「高等女学校令」「実業学校令」「私立学校令」「図書館令」を公布。
33 (1900)	8月、「小学校令」「小学校施行規則」を改正、「読書」「作文」「習字」は「国語科」に統合され、「読ミ方」「聞キ方」「綴リ方」「話シ方」の4分科となる。「国語科」が成立。国語調査会設置。 この年、押川春浪『海底軍艦』刊行。
34 (1901)	3月、「中学校令施行規則」改正、「国語

元号	西暦	事項
		及漢文」１教科となる。
明治35	(1902)	２月、「中学校教授要目」制定、「国語及漢文」の学習事項は、講読（読方・解釈・暗誦)、文法及作文、習字で、第５学年３学期に国文学史を課すこととなる。３月、「国語調査委員会」を設置。12月、教科書事件起る。
36	(1903)	４月、「小学校令」「小学校令施行規則」を改正、教科書が国定となる。国定教科書『尋常小学読本』(８冊)、「高等小学読本』(４冊）を刊行。
37	(1904)	４月、文部省、第１期国定教科書『尋常小学読本』(イエスシ読本)使用開始。
40	(1907)	３月、「小学校令」「小学校令施行規則」を改正、尋常科６年、高等科２～３年となり、義務教育６年に延長される。
42	(1909)	４月、『尋常小学読本』(12冊）を刊行。
43	(1910)	「高等女学校令」「高等女学校令施行規則」を改正。第２期国定国語教科書『尋常小学読本』(ハタタコ読本・黒読本)使用開始。 子どもたちは家庭で、「幼年の友」「日本少年」「幼年画報」「少女世界」「少女の友」「少年世界」等の雑誌を愛読。
44	(1911)	７月、「小学校令施行規則」を改正。「中学校令施行規則」を改正するとともに、「中学校教授要目」を改正、「国語及漢文」は、「国語講読」「漢文講読」「作文」「文法」「習字」の５分科となる。
大正２	(1913)	島崎藤村の『眼鏡』をはじめとする愛子叢書が実業之日本社から刊行される。

元号	西暦	事　　項
大正3	(1914)	3月、有本芳水『芳水詩集』を刊行。
7	(1918)	4月、第3期国定国語教科書『尋常小学国語読本』(ハナハト読本・白読本)使用開始。6月、童話と童謡の雑誌『赤い鳥』(鈴木三重吉主宰)創刊。
8	(1919)	2月、「小学校令」「中学校令」を改正。3月、「小学校令施行規則」「中学校令施行規則」を改正、中学校では「特ニ国民道徳ノ養成ニ力ムヘキ」ことが加えられる。
9	(1920)	「高等女学校令」「高等女学校令施行規則」を改正。この年、片上伸『文芸教育論」等が新教育論の提唱としての八大教育主張がでそろう。
10	(1921)	臨時国語調査会設置。
12	(1923)	9月1日、関東大震災。当時の社会に大きな影響を与えた。
15	(1926)	4月、「小学校令」「小学校令施行規則」を改正。日本放送協会 (NHK)設立。
昭和2	(1927)	2月、雑誌『改造』で少年小説、少女小説批判。娯楽としての読書を否定。
5	(1930)	2月、雑誌『北方教育』(成田忠久)創刊。
6	(1931)	1月、「中学校令施行規則」を改正。2月、「中学校教授要目」を改正。9月、満州事変。
7	(1932)	1月、上海事変。
8	(1933)	4月、第4期国定教科書『小学国語読本』(サクラ読本)使用開始。
9	(1934)	2月、国語教育学会 (藤村作」創立。国語審議会設置。
10	(1935)	「青年学校令」公布。

元号	西暦	事　項
昭和11	(1936)	2月、二・二六事件。
12	(1937)	3月、「中学校教授要目」「師範学校教授要目」「高等女学校教授要目」「高等学校高等科教授要目」を改正。7月、日華事変（盧溝橋事件）。9月、ローマ字訓令を制定。
15	(1940)	4月、「国民学校教則案」を発表。11月、文部省国語課を設置。
16	(1941)	3月、「国民学校令」を公布。「国民学校令施行規則」を制定、これまでの「国語」「修身」「地理」「歴史」を統合して「国民科国語」とし、「国民科国語」は、「読ミ方」「綴り方」「書キ方」「話シ方」からなる。12月、大東亜戦争（太平洋戦争）起こる。
17	(1942)	4月、第5期国定教科書『国民科国語』（サクラ読本）使用開始。
18	(1943)	1月、「中学校令」を公布、「国民科国語」を改称して、「講読」「文法」「作文」「話し方」の4分科となる。「中学校令」「高等女学校令」「実業学校令」を廃止。「中学校規程」「中学校教科教授及修練指導要目」を制定。
19	(1944)	4月、「学徒勤労令」を公布。
20	(1945)	5月、「戦時教育令」を公布。8月、広島・長崎に原子爆弾投下。敗戦。9月、文部省、「新日本建設の教育方針」を発表。10月、総司令部（GHQ）、「日本教育制度ニ対スル管理政策」を指令。修身・日本史・地理の授業停止等。12月、日本教育者組合、全日本教員組合結成。敗戦・終戦により、戦災孤児が社会問題となる。

元号	西暦	事　　項
昭和21	(1946)	3月、第1次米国教育使節団来日、報告書を提出。4月、東京都教職員組合協議会結成。5月、文部省、「新教育指針」を公示。7月、教員組合全国連盟を結成。9月、国語審議会を設置。10月、ローマ字教育協議会、「ローマ字教育の指針」を答申。11月、「日本国憲法」を発布。「当用漢字表」「現代かなづかい」公布。12月、全日本教員組合協議会（全教協）結成。この頃、GHQの民主化政策にかかわって、娯楽としての読書の否定としての悪書追放運動起こる。爾後、繰り返し娯楽としての読書の全否定が続き、娯楽としての読書対象の作品は悪書とする考え方が定着して2000年を迎えることとなる。
22	(1947)	3月、文部省、『学習指導要領一般編（試案』を発表。「教育基本法」「学校教育法」を公布。4月、6・3・3・4制実施。『こくご』『国語』『中等国語』『高等国語』（文部省）使用開始。6月、日本教職員組合（日教組）結成。9月、文部省、教科書検定制度を発表。11月、視学制度を廃止して指導主事設置を通告。12月、『学習指導要領国語科編（試案)』を発表。
23	(1948)	2月、「当用漢字別表」「当用漢字音訓表」を公布。4月、新制高等学校発足。教科用図書検定規則を制定。7月、「教育委員会法」を公布。文部省教科書局に検定課を設置。9月、作文の会発足。10月、コア・カリキュラム連盟結成。11月、全日本国語教育協議会結成。12月、「国立

元号　西暦	事　　項
	国語研究所設置法」を公布。
昭和24　(1949)	1月、「教育公務員特別法」を公布。4月、検定教科書の使用開始。「当用漢字字体表」を公布。新制大学発足。5月、「国立学校設置法」を公布。10月、「教職員免許法」「教職員免許法施行法」を公布。9月、第2回全日本国語教育協議会で、国語教育は言語教育なのか文学教育なのかという、文学教育と言語教育を区別しないで考えるという立場の西尾実と、文学教育を言語教育から独立したものとして考えるという立場の時枝誠記との論争が注目された。
25　(1950)	4月、「図書館法」「国語審議会令」を公布。全日本高等学校教職員組合結成。7月、日本綴り方の会発足。8月、第2次米国教育使節団来日。9月、全国大学国語教育学会結成。
26　(1951)	7月、文部省、『学習指導要領一般編（試案）』(昭和26年度改訂版）を発表。9月、日本綴り方の会を日本作文の会と改称。10月、文部省、『中学校・高等学校学習指導要領国語科編（試案）』(昭和26年度改訂版）を発表。12月、文部省、『小学校学習指導要領国語科編（試案）』(昭和26年度改訂版）を発表。
27　(1952)	6月、中央教育審議会設置。8月、文部省、『中学校・高等学校学習指導要領国語科編』を補足。10月、教育指導者講習（IFFL）の国語科教育法講座開講。11月、市町村教育委員会発足。

元号	西暦	事項
昭和28	(1953)	8月、「学校図書館法」公布。NHKテレビ放送開始。このことによって週刊誌の時代となり、生活サイクルに変化。
29	(1954)	5月、教育二法公布。日本国語教育学会結成。12月、「ローマ字のつづり方」公布。
30	(1955)	7月、「学校教育法」成立。9月、文部省、「高等学校学習指導要領一般編』(昭和31年度改訂版)を発表。12月、文部省、『高等学校学習指導要領国語科編』(昭和31年度改訂版)を発表。
31	(1956)	3月、「就学困難児童のための教科用図書の給与補助法」を公布。5月、教育課程審議会「かなの教え方」「教育漢字の学習配当」を答申。日本高等学校教職員組合(日高協)結成。
32	(1957)	3月、日教組を脱退した教職員が日本教職員団体連合会を結成。9月、教科書問題協議会発足。10月、教育課程審議会、中学3年を進学・就職の二つに分けることを決定。12月、都道府県教育長協議会、勤務評定試案を発表。日教組、勤務評定反対の全国的実力行使を決定。
33	(1958)	8月、「学校教育法施行規則」を改正。10月、文部省、『小学校学習指導要領』『中学校学習指導要領』を公示。この改訂版学習指導要領には、教育課程審議会の「小・中学校の教育課程の改善について」という答申の骨子が、「正しく話を聞き、文章を読む態度や技能を養う」、「正しくわかりやすく話を文章に書く態度を養う」という目標としてかかげられた。こ

元号　西暦	事　　　項
	の目標からもわかるように、読解指導を中心にした時代に入っていくのである。勤務評定の実施、小・中学校の道徳教育の義務化などが行われたのも昭和33年で、日教組は教育危機突破大会を、全国各地で開催した。また、昭和33年改訂版学習指導要領に基づく、読解指導が行われるなかで、日教組によるいわゆる批判読みの指導、児童言語研究会の一読総合法による指導、教育科学研究会の一次読み・二次読み・三次読みによる指導、西郷竹彦らの文芸教育研究協議会による、通し読み・まとめ読み・段落読みによる指導等、民間の教育団体による、新しい読解指導理論が生みだされたのも昭和30年代である。
昭和34　(1959)	1月、NHK 教育テレビ放送開始。7月、「教職員免許法施行規則」改正。「送りがなのつけ方」公示。
35　(1960)	6月、テレビ放送による高等学校通信教育開始。10月、「学校教育法施行規則」一部改正。文部省、『高等学校学習指導要領』を公示。
36　(1961)	5月、「学校教育法」を改正。9月～10月、文部省、小・中・高校の全国一斉学力調査を実施。日教組、学力調査反対闘争。
37　(1962)	1月、文学教育の会、日本文学教育連盟と改称。2月、全国教職員団体連合結成(全教連)。日高協右派と左派に分裂。3月、「義務教育諸学校教科用図書の無償に関する法律」公布。

元号	西暦	事項
昭和38	(1963)	義務教育諸学校の教科用図書の無償措置に関する法案公布。
39	(1964)	3月、文部省、『幼稚園教育要領』を公示。
40	(1965)	1月、中央教育審議会、「期待される人間像」中間報告。4月、「中央教育審議会、「後期中等教育のあり方について」中間報告。10月、山口教団結成。
41	(1966)	10月、中央教育審議会、「後期中等教育について」を最終答申。
42	(1967)	6月、家永三郎、教科書不合格の処分取り消しの訴訟を提出。
43	(1968)	7月、文部省、『小学校学習指導要領』を告示。日本新教職員組合(新教組)結成。
44	(1969)	4月、文部省、『中学校国語指導要領』を告示。
45	(1970)	5月、国語審議会、音訓・送りがな改正案を発表。6月、日本教職員連盟(日教連)結成。7月、家永三郎、教科書裁判で勝訴。10月、文部省、『高等学校学習指導要領』を告示。
46	(1971)	6月、中央教育審議会、「教育改革基本構想」を最終答申。12月、国語審議会、「当用漢字改定音訓表」の答申を発表。
47	(1972)	5月、日教組、「市販テスト・ワークブック不使用運動」を提起。
48	(1973)	6月、「当用漢字音訓表」「送りがなの付け方」を公布。
50	(1975)	10月、教育課程審議会、「教育課程の基準の改善に関する基本方針について」を中間発表。
52	(1977)	7月、文部省、『小学校学習指導要領』『中

元号	西暦	事　　　　項
		学校学習指導要領』を告示。
昭和53	(1978)	8月、『高等学校学習指導要領』を告示。小学校・中学校も含めて、この新学習指導要領は、これまでの「読む・聞く・書く・話す」の四領域を「表現・理解・言語事項」の、二領域一事項とし、ゆとりと豊かな人間性を重視。
54	(1979)	国語審議会「常用漢字表案」を答申。
56	(1981)	5月、文学と教育の会(大久保典夫)結成。機関誌「文学と教育」(年二回発行)を創刊。10月、常用漢字表内閣告示。
59	(1984)	8月、臨時教育審議会設置。
60	(1985)	全国の小・中学校で〈いじめ〉横行し、社会問題化。
62	(1987)	12月、教育課程審議会「幼稚園、小学校、中学校及び高等学校の教育課程の基準について」を答申。同、教育職員養成審議会「教員の資質能力の向上方策等について」を答申。
63	(1988)	1月7日、天皇崩御。翌日、平成と改元。
平成1	(1989)	3月、文部省、「学校教育法施行規則」を改正するとともに、『幼稚園教育要領』『小学校学習指導要領』『中学校学習指導要領』『高等学校学習指導要領』を告示。
2	(1990)	1月、大学入試センター試験実施。同、第14期中央教育審議会「生涯学習の基礎整備について」を答申。
3	(1991)	4月、第14期中央教育審議会「新しい時代に対応する教育の諸制度の改革について」を答申。
4	(1992)	2月、社会の変化に対応した新しい学校

元号　西暦	事　　　項
	運営等に関する調査研究協力者会議、学校週5日制の導入等を報告。
平成5　(1993)	2月、高等学校教育改革推進会議、総合学科の設置、単位制の導入等を報告。
6　(1994)	11月、児童生徒の読書に関する調査協力者会議、中間のまとめを発表。
8　(1996)	7月、第15期中央教育審議会、「ゆとり」の中で「生きる力」をや学校完全週5日制の導入等を第1次答申。
9　(1997)	6月、「学校図書館法」改正。 7月、第16期中央教育審議会、中高一貫教育および大学への飛び入学等を第2次答申。
10　(1998)	2月、学校図書館の充実等に関する調査研究協力者会議、「司書教諭講習等の改善方策について」を報告。 4月、緊急フォーラム「学校図書館の充実が21世紀をひらく」を開催。 6月、第16期中央教育審議会「新しい時代を拓く心を育てるために」を答申。 7月、教育課程審議会「幼稚園、小学校、中学校、高等学校、盲学校、聾学校及び養護学校の教育課程の基準の改善について」を答申。 12月、文部省、教育課程審議会の答申を採用した『幼稚園教育要領』『小学校学習指導要領』『中学校学習指導要領』を告示し、「学校教育法施行規則」を改正。
11　(1999)	3月、文部省、『高等学校学習指導要領』を告示。
12　(2000)	6月、教育改革国民会議、中間報告で「ゆ

元号　西暦	事　　　項
	とり路線」の是非。7月、教育課程審議会、「ゆとり教育」が生んだとされる学力低下問題について検討を始める。12月、教育改革国民会議、最終報告でゆとり論議が消え、学力問題は先送り。
平成14　(2002)	6月、文学と教育の会の学術刊行物「文学と教育」(代表・根本正義　会長・大久保典夫) 第43集で終刊。11月、中央教育審議会、中間報告に「国や郷土を愛する心」などを盛り込む。
15　(2003)	10月、中央教育審議会、最終答申で学習指導要領と総合学習の改善策を求める。
16　(2004)	12月、経済協力開発機構 (OECD) は国際学習到達度調査 (PISA = ピザ) で、日本の児童・生徒の学力低下を指摘。
17　(2005)	5月、中央教育審議会 (中教審)、義務教育特別部会で「総合学習」の削減を示唆。
18　(2006)	12月、「教育基本法」改正、伝統と文化の尊重や国を愛する態度を明記。
19　(2007)	1月、教育再生会議、第一次報告にゆとり教育の見直しを盛り込む。4月、文部科学省、小学校6年生と中学校3年生を対象に全員規模の全国学力テストを43年ぶりに復活。12月、経済協力開発機構 (OECD) の国際学習到達度調査 (PISA) で、日本の児童・生徒は「ゆとり教育」の弊害が反映し、論理的思考力不足が明確になったと指摘。
20　(2008)	3月、文部科学省、「学校教育法施行規則」を改正するとともに、『幼稚園教育要領』

元号　西暦	事　　　項
	『小学校学習指導要領』『中学校学習指導要領』を告示。同時に「小学校移行措置関係規定」(移行期間中の小学校の標準授業時数について、平成21年4月1日から平成23年3月31日までの間における小学校学習指導要領の特例を定める件等)を告示。
平成21　(2009)	3月、文部科学省、『高等学校学習指導要領』を告示。4月、文部科学省、小学6年と中学3年を対象に、3回目の全国学力テスト(学力・学習状況調査)を実施し、私語・携帯制限で成績向上等と結果を8月27日に公表。
22　(2010)	10月、群馬県桐生市の小学6年生、上村明子さんが自殺。半月後に学校側がようやくいじめがあったと認めた。12月、経済協力開発機構(OECD)の国際学力調査(PISA)が発表された。日本は65の国・地域中の読解力は8位。2009年度実施。読解力の過去の順位は2000年8位、2003年14位、2006年15位だった。
23　(2011)	10月11日、滋賀県大津市の中学校2年の男子生徒が自宅マンションで転落死。11月2日、大津市教育委員会が、アンケートの結果を一部公表し、「いじめはあった」と認めたが、自殺との因果関係は不明とした。
24　(2012)	2月24日、男子生徒の両親が市や同級生、保護者に損害賠償を求め提訴。5月22日、大津地裁での第1回口頭弁論で市側が争う姿勢を示す。7月3日、男子生徒が自

元号　西暦	事　　　項
	殺の練習をさせられていたとのアンケート結果が判明。7月6日、大津市教委がいじめたとされる生徒に「自殺の練習」の有無を確認していなかったことが判明。市が調査委員会での調査方針を示す。7月11日、滋賀県警、市立中学2年の男子生徒が自殺した問題で、市教委と中学校を家宅捜索。7月26日、大津市長、初の直接謝罪。8月28日、中央教育審議会(中教審)「教職生活の全体を通じた教員の資質能力の総合的な向上策について」を答申。8月29日、この日発売の「SAP-IO」サピオ（小学館）(通巻528号）は、特集〈学校・日教組・教育委員会――「教育ムラ」の殺人鬼たち「いじめ自殺」教師集団が殺す〉を企画。12月、小学4年と中学2年を対象にした「国際数学・理科教育動向調査（TIMSS)」の2011年の結果発表。この調査は基礎知識の習熟度が調査対象。「産経新聞」は「小4理数力改善　平均点10点以上アップ　中2横ばい、授業に工夫余地　脱ゆとり効果は早計」「新要領の過渡期　落ちこぼれ懸念」と報道。
平成25（2013）	1月6日、「産経新聞」は「子供たちのSOS　いじめ、法務局へ手紙で相談「両親には言えない」年々増加、専門家が返信」と報道。これまでに報道されたいじめ問題の件数を平成24（2012）年7月から平成25（2013）年1月初旬までを月別にみると、7月23件、8月16件、9月21

元号　西暦	事　　　項
	件、10月12件、11月４件、12月６件、１月２件の計84件にものぼった。(「産経新聞」による）１月９日、平成24（2012）年12月下旬、大阪市立桜宮高校２年の男子生徒が、体罰翌日に自宅で自殺していることが８日に分かったと「産経新聞」が報じた。同紙は「バスケ著名指導者　昨年度から暴力情報　悲劇招く勝利至上主義　「事なかれ」教委　生徒聴取せず　帰宅後、母に「今日もかなり殴られた」」とも報じている。遺体の顔面は腫れ、唇は切れていたということから、産経の「主張」欄の指摘にあるように体罰はなく、暴行、傷害事件である。２月26日、教育再生実行会議、部活動において体罰の根絶を目指し、国は子どもの自発的行動を促す部活動指導のガイドラインを策定すること、いじめに関しては、相談体制や被害者支援を定めた基本法の制定や道徳の教科化等を提言。４月24日、文部科学省、全国学力・学習状況調査（全国学力テスト)、国語と算数・数学の二教科で実施。３月28日に中一の女子生徒の自殺について、８月16日付産経新聞は「「いじめ」証言40件以上」と報道するとともに、学校と市（橿原市）の教育委員会の対応は鈍く、遺族は「不誠実だ」と批判していると報道。８月26日、松江市教育委員会は、市内の小・中学校に漫画「はだしのゲン」の閲覧制限を求めたことについて、この日の臨時会議で暴力描写や

元号　西暦	事　　　項
	歴史認識について、内容に踏み込む突っ込んだ議論は避け、「手続きの不備がある」として制限要請を撤回。9月24日、産経新聞は「検証「はだしのゲン」閲覧制限問題　根本議論踏み込まず」を特集。雑誌「正論」11月号産経新聞社（通巻502号）は〈総力特集『はだしのゲン』許すまじ！〉を発行。10月1日、下村博文文部科学相はこの日の記者会見で、採択地区協議会が選んだ、育鵬社版中学公民教科書を拒んだ沖縄県竹富町教育委員会に対して、是正要求したいと語った。10月11日、政府の教育再生実行会議は、大学入試改革に関して、全高校で到達度テストの実施を提言。11月15日、下村博文文部科学相は、「教科書改革実行プラン」を正式発表。教育基本法の目標に照らして重大な欠陥がある場合は不合格にする他、来年度に行う中学校の教科書検定から適用するとした。12月3日、経済協力開発機構（OECD）は65カ国・地域の15歳男女約51万人を対象として2012年に実施した国際学習到達度調査（PISA）の結果を公表。日本は前回（09年）の調査に比べ、「読解力」が8位から4位に等の結果だったとした。12月10日、文部科学省の問題行動調査で平成24年度に全国の小・中・高校と特別支援学校で認知されたいじめの件数は19万8108件で、前年度の2.8倍に上り過去最高だったことがわかった。

元号	西暦	事項
26	(2014)	2月14日、文部科学省は新年度から全国の小中学校に配布する道徳用の新教材「私たちの道徳」を公表。偉人伝に坂本龍馬、武者小路実篤（小学校）や山岡鉄舟、緒方洪庵等、読み物が充実。4月、小学校教科書の検定結果公表。脱ゆとりの教科書で、ページ数は10年前より3割以上も増え、国語等で伝統文化の記述が充実するとともに、教育基本法の精神が浸透している。6月、小中一貫教育校を制度化し、5歳児からの義務教育を実施するとした文部科学省の方針を受けて、政府の教育再生実行会議は、学制改革の提言をおこなった。8月、大手予備校の代々木ゼミナールは、全国27校のうち20校を閉鎖するとともに、全国模擬試験の廃止などを明らかにした。8月25日、文部科学省は小学校6年と中学3年を対象に平成26年4月に実施した全国学力・学習状況調査（全国学力テスト）の結果を公表。10月、文部科学省の平成25年度の問題行動調査で、特に小学校でいじめが最多であることがわかった。また、中央教育審議会は21日に、道徳教育の教科化について答申。12月23日、中央教育審議会は大学入試センター試験に代わる新テストの導入を下村博文文部科学相に答申するとともに、小学校と中学校が連携し9年間を通じた教育課程をつくる「小中一貫校」の制度化を求めた。
27	(2015)	7月、岩手県矢巾町の中学2年の村松亮

元号　西暦	事　　　項
	君が、いじめを苦に列車に飛び込んで、自殺したとみられる問題について、「産経新聞」の報道から以下にたどってみたい。7月13日、この問題で校長は、いじめを苦にした自殺の可能性が高いと初めて謝罪し、父親に調査を約束。7月14日、村松君が中学1年の春からいじめられていると訴え、生活記録ノートに昨年の平成26年5月1日「もうげんかいです」と記入していたことが判明。7月17日、60人がいじめを見聞きしていたことがアンケートで判明し、名前の出た生徒に聞き取りをおこなった。7月27日、学校は調査報告書を26日にまとめ、いじめの有無を検証した13項目中、6項目を認定していじめが自殺の一因と結論付けた。一方、13項目すべてをいじめと認定すべきだという意見もあった。また、報告書から村松君が教科書を投げられたり、机に頭を押さえつけられたりして、苦痛をうったえていた異変が、教師間で共有されていなかったという問題点が明確になった。 　このようないじめの問題が明確になるなか、この日、文部科学省は学校現場の業務軽減に向けたガイドラインをまとめた。8月、全国学力テスト（小学校6年・中学3年対象）の結果を公表。「産経新聞」は中3国語は表現能力はあるが、根拠説明に苦手意識、小6国語は「読む」「書く」能力の総合に伸び悩むと分析。8月21日、昨秋自殺した仙台市の中学1年の男子生

元号　西暦	事　　　項
	徒は継続的にいじめを受け、学校の対応に問題があったとの調査結果を市教委が発表し、保護者に謝罪。一方、当時担任だった40代の女性教諭が、男子生徒がいなくなった理由について、同じクラスの生徒に転校したと説明していたことが判明。10月27日、文部科学省の問題行動調査で、小学校のいじめが最多で12万件。このうち3万件は小・中・高の再調査で増加。12月、日本私立大学連盟は文部科学省と経団連など経済4団体に、人文社会系の改廃に反論した「私立大のあり方」についての提言を公表。
28 (2016)	1月7日、長崎県で平成26 (2014) 年1月に自殺した中学3年松竹景虎君について、第三者委員会は過酷ないじめが原因であり、学校の責任を指摘。3月、広島県府中中町の町立府中緑ヶ丘中3年の男子生徒が自殺した問題で、教育長は万引の誤記録によって志望校に推薦しなかったという進路指導が原因として謝罪。万引した生徒の名前を口頭で伝えられたのに誤って男子生徒の名前を記載し、その誤りを訂正していなかった。3月27日、「産経新聞」の紙面特集「おやこ新聞」は、文化庁の文化審議会国語分科会がまとめた、「漢字の字体・字形についての指針案」について解説した。4月、選挙権年齢の18歳以上への引き下げに伴って解禁された高校生の校外での政治活動について、届出制を導入する高校と、自主性を

元号　西暦	事　　　項
	尊重するとして、届出制は不要とする高校もあり、議論をよんでいる。 また、教科書会社が公立の小・中学校の教員に検定中の教科書を見せて謝礼を渡していた問題で、多くの教員がその後の教科書採択にも関わっていたことを文部科学省が公表した。5月、水間政憲が『Will』で（『ウイル』）6月号に、「エリート校――麻布・慶応・灘が採用したトンデモ教科書　ウソと歪曲・創作まじりの教科書で反日エリート群誕生のユーウツ」と題した文章を執筆。5月10日、馳浩文部科学相は、閣議後の会見で、学習内容を削減しないことを強調するとともに「ゆとり教育」との訣別を明確にすることを明らかにした。そのうえで「教育の強靭化に向けて」と題する文書を公表し、平成32年度から順次実施される、次期学習指導要領で、学力の質を高めるなどの方針を打ち出した。 また、教育公務員特例法を改正し、選挙権年齢が18歳以上に引き下げられることをふまえて、教職員の政治活動に罰則規定を設ける方針を自民党が固めた。これは教育現場で中立性を欠く授業の多いことをふまえたもの。5月17日、文部科学省は平成32年度から実施される次期学習指導要領のあり方を議論する中教審のワーキンググループで、都道府県名に用いるすべての漢字を、小学校国語で学習するとの案を示し了承された。

元号　西暦	事　　項
	また、雑誌『新潮45』（新潮社）の6月号で、「亡国の教育改革」が特集で企画された。5月、北海道の道立苫小牧西高校で、教員が安全保障関連法への反対を呼びかけるビラを校門前で配って署名を求めていたことが発覚。北海道教育委員会は処分を検討、小・中学校で刷り込みが増加。6月3日、小学校のプログラミング教育について、コンピュータのプログラム作成技術ではなく論理的思考力などの育成が目的とする報告を、文部科学省の有識者会議は大筋で了承した。平成32年度から実施される次期学習指導要領で義務づけられるため、中央教育審議会で議論される。6月2日、文部科学省の有識者会議は、デジタル教科書を一部の授業での使用を認める中間報告をまとめた。平成32年度から実施される次期学習指導要領に導入を文部科学省は想定している。また、学校教育法では紙の教科書の仕様が義務づけられているため、平成29年中に法改正をする方針。6月6日、人工知能（AI）をめぐって『産経新聞』は「脅威か希望か　AI新時代」と題して連載。6月6日付朝刊の第4回は「教育」にかかわるAIの問題。この中で人間に求められるのはAIを使いこなす能力である等と論じた。 また、大学入学希望者学力評価テスト（仮称）で、AIを活用して記述式問題の採点業務を代行させることについて、国

元号　西暦	事　　　項
	語の記述式問題のAIによる採点は、国立情報学研究所の新井紀子教授は絶望的なほど難しいと話したことが紹介されている。 8月1日、中央教育審議会の特別部会は、次期学習指導要領の全体像となる審議まとめ案を示した。小学校の授業時数は5785時間となり、平成10年度改定の「ゆとり教育」前の水準に回復する見通しだ。しかし、小学校の英語の授業時数が140時間増えての回復であって、主要教科の時間数の再考が必要だ。小学校には英語教育の教員免許はない。「外国語活動」が教科化され、英語教育が無免許で実施されることになる。まず必要なのは「外国語活動」という教科の教員免許をどのように与えるのかという課題の解決だ。

〈新稿〉

附　国語教育・教育問題史年表
（2016年8月現在）

あとがき

少年詩と少女詩が消滅していくのは、昭和三十年代である。それから約四十五年後の平成十二（二〇〇〇）年前後から、男女の性差をめぐってのジェンダーフリーの問題が話題となっていく。

ジェンダーフリーの問題が話題になってから、何年後だっただろうか。東京都教育委員会は、〈ジェンダーフリー〉という用語を教育現場から排除することを決定した。その理由は、男女の性差まで否定する過激な、男女平等教育が背景になっているというものである。

〈男らしさ〉〈女らしさ〉という観念まで、否定するという極端な解釈もされ、〈男女混合名簿〉が導入された。しかし、都の教育委員会では「ジェンダーフリー思想に基づいた男女混合名簿」の作成も、禁止する方針をうちだした。

一部では「ひな祭りや端午の節句は男女差別につながる」ということなどの教育がおこなわれているという現実もあった。一方、専門家の間では「男の子の文化と女の子の文化」を否定するかどうかは、意見の分かれる状況であった。

その後の動向がどのようなものになったかは、確認する術が私にはない。しかし、歴史認識の問題とかかわっていると私は考えている。昭和二十（一九四五）年八月十五日を境にして、新しい時代を歩み始めた時、男の子の文化と女の子の文化を否定する動きがあり、少年詩と少女詩、少年小説と少女小説が、今や存在しない状況にまで至っている。

この日を終戦・解放ととらえるか、敗戦・占領ととらえるかの認識の違いである。作文・綴方についての、『赤い鳥』以降の歴史を論じている研究書・論文の全てが前者の立場で、後者の立場で論じたものは皆無で、唯一拙著〈昭和をふりかえるもうひとつの歴史〉と副題を付した、『子ども文化にみる綴方と作文』（KTC中央出版　二〇〇四・五）のみである。

さまざまな歴史認識があっていいわけだが、そこから新たな議論が必要となるのである。ものごとの本質をみきわめる必要もある。

国語教育の今後のありようは、言語活動を主軸にすべきだという主張がある。〈言葉〉を大切にすることは重要だが、薬の効能書きと同質の説明文という教材で、確かな言語活動が可能なのかといえば否である。説明文では感性や情緒は培えないのである。感性や情緒を培うために、言語活動は重要だということを多くの教師は認めている。そのために説明文があるとは、多くの教師が考えているとは思いたくないが、文学に眼を向けていない教師の存在や大学院生の存在もあるということから、そういう可能性はある。

教科書から説明文を排除して、ノンフィクションをという主張をする教師はいないのだろうか。文学に眼が向かない、作品としての認識が無いから、説明文という教材で言語活動を、という実践が行われているのかもしれない。あるいは、谷川俊太郎の『ことばあそびうた』（福音館書店）から教材化されると、〈ことば遊び〉で終ってしまうという授業になっていた。

谷川の『ことばあそびうた』はまさしく詩集なのである。文学作品なのである。教師は教材の出典をしっかりと確認する必要がある。こうした文学作品こそ、感性や情緒を培うための言語活動のために存在するのだといえる。詩集はまさにそのためにあるのだ。詩集を使った実践のあることを、二〇一三年一〇月二十四日付『教育新聞』（教育新聞社）のコラム「円卓」に、西野真由美氏が「本棚に詩集はありますか」と題して書いている。

このコラムで西野氏は「コミュニケーションの基本は、想像力と表現力。ポエムには、その根底を支えてくれる力があります。」と書いている。まさしくその通りで、詩は日本語を考える意味で重要であるだけでなく、想像力と表現力の根底を支えてくれるのである。

詩の歴史ということを考えてみると、文芸童謡としての位置づけがなされたのは、一九一八年（大正七）六月に創刊された『赤い鳥』からである。一方、一八八八年（明治二十一）から、少年詩が存在していた。少年詩に対して少女詩も創作された。少年文化・少女文化としての詩が創作されたのである。

少年文化（男の子の文化）・少女文化（女の子の文化）を考えることも重要だろう。ジェンダーの問題にかかわって、この二つの文化を否定する動きもあったが完全に否定されてはいない。あらためて、詩（少年詩・少女詩）の歴史を通して、男の子の文化と女の子の文化について考えてみることも必要だと考えて、本書の刊行を決めたのである。

本書は二上洋一・根本正義共編『少年小説大系　第27巻　少年短編小説・少年詩集』（三一書房　一九九六・九）に執筆した、解説と詩人の年譜、少年詩・少女詩略年表をもとに大幅に加筆した原稿が中心である。

それに加えて、日本音楽教育学会編『日本音楽教育事典』（音楽之友社　二〇〇四・三）に執筆した北原白秋と野口雨情の項、この二項については、それぞれの童謡詩人の代表作についての解説を加筆してある。さらに「〈資料〉明治の唱歌『博物教育動物唱歌』（『現代文学史研究』第14集　現代文学史研究所　二〇一〇・六）を加えた。

また、『教育新聞』（前出）によると、中学校での詩集を教材とした実践があることから、本書を多くの国語科の教師にお読みいただけるのではないかと考えた。そこで、新稿「根本正義　年譜と著作目録」と「国語教育・教育問題史年表」を加えた。年譜収録にかかわって、東京学芸大学児童文学研究ゼミの武田裕さんが、在学中に初等生活科教育法のレポートで、私へのインタビューを試みた「二十歳《はたち》のころ」をまとめてくれていた。年譜の追加としてその文章を加えることにした。

私は少年少女娯楽雑誌に掲載された、サトウ・ハチロー等の少年詩で心を癒やされた。少年時代に培われた感性が、教育の問題を考える基盤にある。そのことが反映している拙稿に、「いじめ対策に必要なこと」(『大法輪』大法輪閣　平成二四・一二)という、「鉄笛」欄に書いた次のような文章がある。

東電福島第一原発事故の発生後、一言も東電の社長は謝罪せずに交替してしまった。政府の対応も同様だからあきれてしまう。いじめによる自殺という痛ましい事態に対する、学校と教育委員会の対応も、謝罪のないまま県警の捜査が始まっている。

東電も政府も学校も教育委員会も、権利の主張が前面に出て、義務を蔑《ないがし》ろにしていることの表れだ。当然権利という姿勢で対応するから、責任の取り方さえ見えないのだ。

学校教育に関わる者として、あるいは教育長として家庭教育のあり方を指導するのはあたりまえという認識が、蔓延しているように思えてしかたがない。家庭教育の専門家は親なんだという認識に立つべきなのだが、戦後民主主義にかかわって政治や教育にかかわる専門家が、家庭教育に介入したまま今日まできてしまった。まずそこを修復するところから始めなければなるまい。

科学的・論理的・客観的なものの見方だけが正しい、と考えている教師は感情を表に出すことはない。喜怒哀楽の情を表に出さないのが、教師の資質だと考えている教師にはいじめは見えない。学生時代に一週間の予定をきちんとたてて、しっかりとその予定をこなしてきたという教師にもいじめは見えない。学生時代に挫折感を味わったり、挫折した体験を持たない教師や、夢中になってのめり込んだ体験の無い教師にも、いじめは見えない。児童・生徒との信頼関係が築けないからだ。

いじめ対策がさまざまに考えられているが、児童・生徒との信頼関係がきちんと、どれだけ出来ているのだろうか。教師相互がそれぞれに確認しあいながら、児童・生徒から信頼される教育の場を造りあげる必要がある。

心から笑ったことや心から泣いたことや込みあげてくるものがあったが耐えたことがあった、そういう体験のある人を教師に採用し、権利・義務・責任について、道義上の観点から考えることが、種々の問題解決の道筋だ。日本の昔からの非科学的なしつけだって大切なのだ。

いじめの問題については、いじめによる自殺の問題が気になった平成二十二（二〇一〇）年以降の動向について、巻末に付した「国語教育・教育問題史年表」で、平成二十八（二〇一六）年までの七年間を記録しておいた。学校の対応等がともかく気になった。

ともあれ、科学的・論理的・客観的な作品世界ではなく、心の底から笑えたり心から泣けるという、そういう少年詩・少女詩がもっともっと創作されることを期待したい。

本書の中心は少年詩・少女詩の系譜であることから、なんとしてもジュニアポエムシリーズを刊行している銀の鈴社から出版したかった。それぞれの詩人の考え方によるわけだが、このシリーズに私なりに少年向けと少女向けの詩集があってもいいと考えていた。勝手に考えている私の本の出版を快諾してくれた西野真由美社主、編集の面でお世話になった、編集長の柴崎俊子氏に感謝申しあげてあとがきとする。

平成二十八（二〇一六）年八月

根本正義

根本正義（ねもと　まさよし）
　1942年、東京生まれ。1964年、立正大学文学部国文学科卒業。1971年、立正大学大学院修士課程修了。現在、東京学芸大学名誉教授。日本文芸家協会会員。
　著書に『詩と童謡の校長歳時記』（全４巻）らくだ出版、『子ども文化にみる綴方と作文——昭和をふりかえるもうひとつの歴史』ＫＴＣ中央出版、『占領下の文壇作家と児童文学』高文堂出版社、他多数。

「以文会友叢書」について

「〝以文会友〟（文ヲ以テ友ト会ス）―論語の中の言葉で、文は、文学（という狭い意味でなく文化一般、道徳、倫理、誠の心、美しい心、優しい心）によって友と会い、人間が結ばれ会うという意味で、私の好きな言葉です……」との川端康成氏が御説明つきで色紙を書いてくださいました。

曾子曰く「君子は、文を以って友を会《あつ》め、友を以って仁を輔く」とつづいています。川端先生との出会いで生まれたシリーズで、文学を広くとらえた水準の高い論文を公刊してまいります。（柴崎俊子記）

銀の鈴社社主

NDC914
神奈川　銀の鈴社　2016
192頁　12.8㎝　四六判（少年詩・少女詩の系譜と私）

以文会友叢書

少年詩・少女詩の系譜と私

2016年11月3日初版発行
定価：本体2,200円＋税

著　　者　根本正義©
発 行 者　柴崎聡・西野真由美
編集発行　㈱銀の鈴社 TEL 0467-61-1930　FAX 0467-61-1931
〒248-0005　鎌倉市雪ノ下3-8-33
http://www.ginsuzu.com
E-mail　info@ginsuzu.com

ISBN978-4-87786-490-3 C0095
落丁・乱丁本はおとりかえいたします。

印　刷・電算印刷
製　本・渋谷文泉閣